DIETRICH HUB
COELESTINA LERCH

Mit Kindern unterwegs

BEI RITTERN UND PRINZESSINNEN

DIETRICH HUB | COELESTINA LERCH

Mit Kindern unterwegs

BEI RITTERN UND PRINZESSINNEN

Über 30 Schlösser und Burgen in Baden-Württemberg mit spannendem Kinder- und Familienprogramm

fleischhauer & spohn

1. Auflage 2012

Umschlaggestaltung: Christoph Wöhler, Tübingen, unter Verwendung eines Fotos von Dietrich Hub.
Illustrationen:
Ann-Kathrin Busse, Pfinztal.
Bildnachweis: S. 59: Badisches Landesmuseum Karlsruhe;
S. 52: Burg Hohenzollern;
S. 55, 57: Burgfestspiele Jagsthausen;
S. 62: Kloster Kirchberg;
S. 60, 98: Peter Sandbiller;
S. 18, 19 (beide): Schlossmuseum Aulendorf; S. 69: Schlossverwaltung Lichtenstein; S. 118: Schule Schloss Salem/Marc Zelinski;
S. 21, 26, 34, 124: Staatsanzeiger Verlag/Staatliche Schlösser und Gärten Baden-Württemberg;
S. 14: Tourist Information Alpirsbach;
S. 133: Unternehmensgruppe Fürst von Hohenzollern/Schloss Sigmaringen;
S. 119: wikipedia/Flominator; alle anderen Fotos: Dietrich Hub.
Lektorat: Werner Brenner, Rottenburg am Neckar.
Druck: Druckerei Grammlich, Pliezhausen.
Printed in Germany

PEFC
PEFC/04-31-0878

Gedruckt auf zertifiziertem Papier: Förderung nachhaltiger Waldbewirtschaftung – nähere Informationen unter: www.pefc.org

ISBN 978-3-8425-1208-5

Besuchen Sie uns im Internet und entdecken Sie die Vielfalt unseres Verlagsprogramms:
www.silberburg.de

Dr. Dietrich Hub ist Pfarrer, Kommunikationswirt und Sozialwirt. Er promovierte im Bereich evangelische Publizistik und ist Öffentlichkeitsreferent der Paulinenpflege in Winnenden. Seine Frau **Coelestina Lerch** ist Lehrerin und Kirchenmusikerin. Die Mutter von vier kleinen Kindern bildet angehende Kinderpflegerinnen aus und leitet einen Kinderchor. Die Familie lebt in Kernen-Rommelshausen. Die eigentlichen »Schlosstester« waren die Kinder **Emanuelle, Kathinka** und **Amadeus.** Während der Entstehungszeit dieses Buches wurde **Felicitas** geboren.

Umschlagfoto: Kloster Lorch.
Foto Seite 2/3: Schloss Ludwigsburg.

Alle Beschreibungen erfolgen nach bestem Wissen und Gewissen. Autor und Verlag können jedoch keine Haftung übernehmen, auch nicht bei etwaigen Unfällen. Die Benützung des Buches geschieht auf eigenes Risiko.

Fleischhauer & Spohn steht für die hochwertigen Familienausflugsführer aus dem Silberburg-Verlag.

Inhalt

Vorwort

Mit den ehrwürdigen Fürsten und Königen vergangener Jahrhunderte scheint auch die Generation verstaubter Burgführer ausgestorben zu sein, die ihre Hauptaufgabe darin sahen, rechtzeitig einzuschreiten, bevor Kinder irgendetwas anfassen konnten. Man erinnert sich aus der eigenen Kindheit: langweilige Schlossführungen mit halbstündigen Erklärungen, welche Fürsten hier in dunklen Ölfarben gepinselt mit finsterem Blick an der Wand hängen. Neuzeitliche Schlossherren hingegen wissen, dass mit dem Wort »Museumspädagogik« nicht gemeint ist, Pädagogen in Museumsvitrinen einzuschließen, sondern dass man sich inzwischen fast überall darüber Gedanken macht, wie man Kindern und Jugendlichen mit Spaß Kenntnisse über die Vergangenheit ihres Landes vermitteln kann. Und das gelingt in vielen Burgen, Schlössern und Klöstern ausgesprochen gut!

Die Staatlichen Schlösser und Gärten Baden-Württemberg präsentieren Kulturdenkmäler des Landes – gerade auch für Eltern kleiner Kinder – in attraktiver Weise. Andächtig zuhören und Jahreszahlen über sich ergehen lassen, still und untätig sein – das war einmal. Heute sind auch Kinder gern gesehene Besucher. Und die dürfen in vielen Burgen, Schlössern und Klöstern selbst aktiv werden: als Ritter und Prinzessinnen, als Mitwirkende in einem Schlosskrimi oder im Plausch mit dem Schlossgespenst. Häufig hängen dafür auch die standesgemäßen Verkleidungen für die jungen Schlossbesucher bereit.

In der Klosterkirche Lorch: Bei Kinderführungen wird die Vergangenheit lebendig.

Aber: Nicht überall und vor allem nicht an jedem Wochenende wird ein derartiges Kinderprogramm geboten. Besichtigungstouren für Kinder müssen langfristig geplant werden. Schlossgespenster tauchen schließlich nicht alle Tage auf, und auch die purpurfarbenen Schultermäntel in Kindergrößen holt die Zeremonienmeisterin nicht an jedem Tag aus den Garderobenschränken der Burg. Lange bevor man also mit Kindern in ein ehemaliges Kloster, eine mittelalterliche Burg oder ein altes Schloss hineingeht, fragen die Eltern den neuzeitlichen Herold namens Internet, wo und wann eine standesgemäße Führung für ihre edle Nachkommenschaft angeboten wird.

Auf www.schloesser-magazin.de findet man recht einfach die Termine, wann in staatlichen Gemäuern die Kirchenmaus aus ihrem Mauseloch hervorkommt oder wo die Königin zum Ball einlädt. Ein paar Burgen und Schlösser im Privatbesitz gibt es auch noch. Deren Programm-Highlights findet man nur auf deren eigener Internetseite. Die steht in diesem Buch natürlich auch immer dabei.

Am Anfang eines Kapitels sind die Besonderheiten des Ausflugszieles an den Symbolen zu erkennen:

An diesen Ausflugsorten können sich die Kinder verkleiden.

Der Besuch dieser Anlage eignet sich auch prima bei schlechtem Wetter.

Bei diesem Ausflugsziel gibt es die Möglichkeit, Kindergeburtstag zu feiern.

In vergangenen Jahrhunderten hat sich in Burgen und Schlössern einiges geändert. Mal wurde eine Burg von den Feinden zerstört, mal hatte der Fürst keine Lust mehr auf sein bisheriges Jagdschloss und ließ es verfallen. Derlei gravierende Veränderungen an der Außenfassade des Bauwerkes sind heute nicht mehr zu erwarten. Im Inneren aber verändern die hochwohlgeborenen Burgführerinnen und -führer ihr Programm schneller, als Heere damals marschieren konnten. Deshalb können in diesem Buch keine einzelnen Termine genannt werden. Also: Vor einem Burgbesuch sorgfältig auskundschaften, was für das entsprechende Wochenende geplant ist.

Ruhmvolle Ausnahme ist das Schloss Salem: Dort findet jeden Sonntag um 15 Uhr eine Kinderführung statt. Alle anderen Burgen, Schlösser und Klöster haben wechselnde Termine für Kinderführungen. Häufig muss man seine Prinzessin oder seinen Prinzen auch vorher anmelden, bevor man sie oder ihn zu einer Kinderführung ins Schloss schickt. Rechtzeitiges Spähen im Internet wird also dringend empfohlen.

In den Wintern vergangener Jahrhunderte ging es in Burgen, Schlössern und Klöstern weniger angenehm zu. Heizen konnte man diese Bauwerke kaum. Teilweise gibt es bis heute keine Öfen in den alten Gemäuern. Doch auch da, wo dieses Problem inzwischen gelöst ist, scheinen die Lebensgeister der Schlossgespenster, Burgführer und Zeremonienmeister erst im Frühjahr zu erwachen. Die meisten Kinderführungen werden daher in der wärmeren Jahreszeit angeboten.

Dr. Dietrich Hub und
Coelestina Lerch
mit Emanuelle (Jahrgang 2004),
Kathinka (Jahrgang 2006),
Amadeus (Jahrgang 2009)
und Felicitas (Jahrgang 2011)

Kloster Bebenhausen: Emanuelle und Kathinka als sehr junge Nonnen.

Bei Rittern und Prinzessinnen

Kloster Alpirsbach

*Mönchszellen:
kleiner als Kinderzimmer*

Inzwischen ist die Brauerei bekannter als das Kloster, denn die Brauerei ist nach wie vor in Betrieb, im Kloster aber leben keine Mönche mehr. Dennoch kann man in dieser gut erhaltenen Klosteranlage eindrucksvoll erfahren, wie die damaligen Mönche hier beteten und arbeiteten. Da das Kloster nach der Reformation als Klosterschule genutzt wurde, ist bei Führungen auch für Kinder ein guter Anknüpfungspunkt gegeben.

Der Ort ist ein Gesamtkunstwerk, wobei das Kloster den größten Teil des Ensembles bildet. Alpirsbach besteht aus historischen Häusern rund um eine mittelalterliche Klosteranlage. Noch bekannter als das Kloster ist heute wohl die Brauerei »Alpirsbacher Klosterbräu«. Die hat übrigens – historisch korrekt – ihren Sitz direkt neben der Klosteranlage. Früher brauten die Mönche selbst Bier, und zwar keineswegs nur zu Genusszwecken. Einerseits konnte man im Mittelalter gar keine Fruchtsäfte herstellen, weil es dafür keine Konservierungsmittel gab. Andererseits wollten die Mönche gerade in der Fastenzeit etwas »Nahrhaftes« haben. Da Bier auch in der Fastenzeit erlaubt war, musste ein gehaltvolles Bier her. Das brauten die Mönche ursprünglich selbst. Das Kloster und die Gebäude der Brauerei prägen heute noch die Ortsmitte von Alpirsbach.

Geschichte

Die Anfänge des Klosters Alpirsbach stammen aus dem Jahr 1095. Damals wurde im Stil der Romanik gebaut, mit Rundbögen und dicken Mauern. Diese waren notwendig,

Die Klosterkirche Alpirsbach ist eines der bedeutendsten Zeugnisse der Romanik in Baden-Württemberg.

um dem Gebäude genügend Stabilität zu verleihen. Deswegen waren in den Mauern nur kleine Fensteröffnungen möglich, um die Stabilität der Wand nicht zu gefährden. Erst in der Gotik wurden Techniken entwickelt, mit denen man über einzelne Wandelemente stärkere Kräfte ableiten konnte. So waren ab dem 13. Jh. dünnere Mauern und größere Fensteröffnungen möglich.

In Alpirsbach beteten und arbeiteten Benediktinermönche. Der bekannteste Mönch dieses Klosters war Ambrosius Blarer – und er trug zum Ende der »Mannsklöster« in Württemberg bei. 1522 – kurz nach dem Beginn der Reformation – verließ er das Kloster, weil auch er von den Anliegen Martin Luthers überzeugt war. Blarer wurde bald darauf einer der wichtigsten Organisatoren des evangelischen Kirchenwesens in Württemberg. Im Jahr 1534 wurde unter Herzog Ulrich auch in Alpirsbach das bisherige Klosterleben weitgehend beendet. 1556 richtete sein Nachfolger Herzog Christoph eine Klosterschule ein, wie dies bis 1595 auch in vielen anderen früheren Klöstern geschah. Hinterlassenschaften der damaligen Schüler sind auch heute noch zu sehen. Im Zuge des Dreißigjährigen Krieges kehrten im 17. Jh. nochmals für kurze Zeit Mönche ins Kloster Alpirsbach zurück. Dann aber fiel das Kloster endgültig dem Herzogtum Württemberg zu.

Die Klosteranlage wurde im Laufe der Jahrhunderte an mehreren Punkten verändert. So wurde 1883 in die Klosteranlage auch ein Kirchenraum für katholische Gottesdienste eingebaut. Bei Renovierungen in den vergangenen Jahrzehnten bemühte man sich darum, möglichst den ursprünglichen Zustand der romanischen Klosteranlage wiederherzustellen.

Für Kinder

Im Kloster Alpirsbach können außer der Klosterkirche und dem Kreuzgang auch die Schlaf- und Aufenthaltsräume der Mönche besichtigt werden. So stehen u. a. auch der Kapitelsaal (Versammlungsraum), das Parlatorium (Raum für Unterhaltungen), das Kalefaktorium (der einzige beheizbare Raum) und die Klosterküche zur Besichtigung offen. Im Kloster Maulbronn oder Kloster Kirchberg kann man anhand der dortigen »freistehenden« und dadurch sehr übersichtlichen Außenanlagen Kindern sehr gut die Zusammengehörigkeit von Beten und Arbeiten im Leben der Mönche zeigen. In Alpirsbach hingegen beeindruckt der Klausurbezirk – also der Wohnbereich des Klosters, der früher nur von den Mönchen selbst betreten werden durfte. Zu besichtigen sind auch die »Zellen« der Mönche – deutlich kleiner als ein heutiges Kinderzimmer.

Als nach der Reformation keine Mönche mehr im Kloster waren, wurden diese Zellen als Zimmer für Klosterschüler genutzt. Im Durchschnitt besuchten 14 Knaben die Schule; sie wurden im Alter zwischen zehn und 14 Jahren aufgenommen und wechselten nach zwei bis drei Jahren an eine »höhere Klosterschule«. An der Wand in einer der »Zellen« ist sogar noch eine Zeichnung eines Klosterschülers zu sehen. In den Kinderführungen ist auch von dieser Zeit – und natürlich auch von den damaligen Schülern – die Rede.

Im Kloster Alpirsbach werden mehrere Führungen speziell für Kinder angeboten. Das Programm ist sehr gut organisiert: Nach einer kindgerechten Führung durch die Räume der Mönche gibt es zuerst Kinderpunsch, dann wird gebastelt: eine Handpuppe, eine kleine Maus oder ein Geldsack wie im Mittelalter. Außer »Basteln in der Kinderwerkstatt« steht eine weitere Führung mit dem Motto »Ora et

Alpirsbach von oben – am Modell bekommt man einen guten Überblick, wie der Ort um das Kloster herum entstanden ist.

Einst war im Kreuzgang »silentium« (Schweigen) vorgeschrieben. Heute wird hier erklärt, wie der Tagesablauf der Mönche aussah.

labora – Leben wie im Kloster« auf dem Programm. Wie sah die Kleidung der Mönche aus? Was wurde im Kloster gegessen und getrunken? Für Familien wird sogar ein nächtlicher Rundgang bei Kerzenschein durch die Klosteranlage angeboten.

Öffnungszeiten: *15. März bis 1. November: Montag bis Samstag 10–17.30 Uhr, Sonntag und Feiertage 11–17.30 Uhr. 2. November bis 14. März: Donnerstag, Samstag und Sonntag 13–15 Uhr. Führungen: 15. März bis 1. November: Montag bis Samstag 11, 12, 13.30, 14.30 und 15.30 Uhr; Sonn- und Feiertag 12.30, 13.30, 14.30 und 15.30 Uhr. 2. November bis 14. März: Donnerstag, Samstag und Sonntag 13.30 Uhr.*

Kontakt: *15. März bis 1. November: Kloster-Info/Klosterkasse, Telefon (0 74 44) 5 10 61, E-Mail: kloster.alpirsbach@gmx.de, 2. November bis 14. März: Stadt-Info, Telefon (0 74 44) 95 16-2 81, E-Mail: stadt-info@alpirsbach.de*

Eintrittspreise: *Erwachsene € 4,00, ermäßigt € 2,00, mit Gästekarte € 3,00, Familien € 10,00. Gruppen pro Person € 3,60.*

Position: *48°20´46´´N, 8°24´15´´E.*

Lage: *Mitten in Alpirsbach.*

Badeseen: *Badesee Silbersee in Reinerzau (Ortsteil von Alpirsbach), 48°21´02´´N, 8°22´03´´E. Nagoldtalsperre, 48°33´11´´N, 8°29´37´´E.*

Schloss Aulendorf

*Spielsachen –
nicht nur für die Kinder*

Ein Spielzeugmuseum in einem Schloss – besser kann man Kindern eigentlich eine Schlossführung nicht schmackhaft machen. Erfreulich, dass es sich dabei keineswegs nur um Spielzeug handelt, das Kinder aus der Distanz bewundern müssen. Vielmehr dürfen sie selbst aktiv werden.

Die weißen Fassaden mit den gotischen Staffelgiebeln des Schlosses prägen das Ortsbild von Aulendorf. Das prächtige über Eck gebaute Schloss erhebt sich weithin sichtbar über der Stadt und zeugt vom Glanz vergangener Jahrhunderte. Kaum jemand kann sich heute noch vorstellen, dass vor wenigen Jahrzehnten das Schloss ziemlich verwahrlost war. Nachdem es 1987 in sehr schlechtem Zustand in das Eigentum des Landes Baden-Württemberg kam, begann für das ehrwürdige Anwesen eine neue Epoche als Teil des Landesmuseums Württemberg. 1997 waren die Baumaßnahmen zum Erhalt des Anwesens abgeschlossen. Genutzt wird es nun als Museum, denn die im Klassizismus gestalteten Räume eignen sich sehr gut für stilvolle Ausstellungen. Vor allem das Spielzeugmuseum macht das Schloss auch für junge Besucher attraktiv. Weil dazu auch eine große Modelleisenbahnsammlung gehört, zieht es auch viele längst erwachsene Männer in die-

ses Schloss. Natürlich gehen diese ausschließlich ihrer Kinder wegen ins Schloss Aulendorf.

Geschichte

Die ältesten Teile des Schlosses – damals freilich als Burg angelegt – stammen aus dem 13. Jh. Im 18. Jh. wurde die Festung dem Stil der Zeit entsprechend in eine barocke Residenz umgebaut. Aus dieser Zeit stammt auch die bauliche Verbindung mit der Kirche Sankt Martin. Fünf Stilepochen insgesamt kann man an der heutigen Anlage erkennen. Mehrere Jahrhunderte lang stand Schloss Aulendorf im Besitz der Grafen Königsegg.

Mit der Säkularisierung im Jahr 1806 ging auch die Grafschaft Königsegg-Aulendorf im Königreich Württemberg auf. Das Schloss Aulendorf blieb dem Adelsgeschlecht jedoch erhalten. Nach diesem Einschnitt verlagerte die Familie ihre Aktivitäten nach Ungarn und Wien. 1881 wurde Aulendorf dennoch wieder ihre Residenzstadt. Anfang des 20. Jh. kam die Familie Königsegg in wirtschaftliche Schwierigkeiten. 1941 wurde deshalb das Schloss Aulendorf verkauft. In der folgenden Zeit wechselten die Besitzer mehrmals und das Schloss verfiel zusehends. Erst mit dem Übergang in Landeseigentum im Jahr 1987 konnte das Anwesen gerettet werden.

Für Kinder

In vier Räumen werden Spielsachen aus den letzten 200 Jahren gezeigt. Die Puppensammlung gehört eher zu den Relikten vergangener Jahrhunderte. Die Puppenhäuser und

Die strahlend weiße Schlossfassade prägt das Aulendorfer Ortsbild.

Puppenstuben zeigen freilich auch in Miniaturformat die Entwicklung der Wohnkultur seit der Biedermeierzeit. Das ausgestellte Holzspielzeug regt heute wie damals die Fantasie der Kinder an, was man daraus alles selbst bauen könnte. Technisch – und sehr auf eigenes Lernen angelegt – sind die Experimentierkästen und Dampfmaschinen. Vom zweckfreien Spielen geht es jetzt ins zielgerichtete Ausprobieren und Lernen über. Bei den Modelleisenbahnen bekannter Hersteller ist man dann bei dem Spielzeug angelangt, das die Väter wohl eher für sich als für ihre Kinder kauften. Besagte Väter werden mit Freude feststellen, dass die Modelleisenbahnsammlung umfangreicher als die anderen Bereiche des Spielzeugmuseums angelegt ist.

Spielzeug für Mädchen ...

... und für Jungs, egal welchen Alters.

Öffnungszeiten: *Mittwoch bis Freitag 13–17 Uhr; Samstag, Sonntag und Feiertag 10–17 Uhr. Führungen donnerstags um 16 Uhr. Gruppen können Führungen auch zu anderen Terminen buchen.*

Kontakt: *Schloss Aulendorf, Hauptstraße 35, 88326 Aulendorf, Telefon (0 75 25) 9 34-2 03, E-Mail: info@aulendorf.de, www.schloss-museum.de*

Eintrittspreise: *Erwachsene € 3,50, ermäßigt € 2,50, Familien € 8,00.*

Position: *47°57´14´´N, 9°38´19´´E.*

Lage: *Mitten in Aulendorf.*

Badesee: *Stegersee-Moorbad, www.stegersee.de, 47°57´16´´N, 9°39´03´´E.*

Kloster und Schloss Bebenhausen

Mädchengeschichten und der letzte König

Bebenhausen sollte man bei schönem Wetter besuchen, denn abgesehen vom Kloster und Schloss ist auch der Naturpark Schönbuch einen Abstecher wert. Die mitunter geringe Motivation der Kinder zum Spazierengehen lässt sich vermutlich dadurch erhöhen, dass man unterwegs Wildschweine anschauen kann. Nur fangen lassen die sich nicht – wir sind schließlich in Württemberg und nicht im gallischen Dorf von Asterix und Obelix!

Vermutlich wurde kaum ein Kloster jemals so multifunktional genutzt wie das Kloster Bebenhausen. Nach Ende der eigentlichen Klosterzeit nutzte man es wie üblich als evangelische Schule. Dann aber kam die Zeit der königlichen Jagdgesellschaften. Die Jagd auf von Dienstboten an den richtigen Platz zum problemlosen Abschuss getriebenes Hochwild war das größte Vergnügen des Adels. Dem »gemeinen Mann« wiederum war die Jagd auf Hochwild natürlich verboten. Wilhelm II., der letzte württembergische König (nicht zu verwechseln mit Kaiser Wilhelm II. von Preußen; der war ein »Hohenzoller« und somit trotz der räumlichen Nähe dieser Burg alles andere als ein »Württemberger«; siehe dazu das Kapitel über die Burg Hohenzollern), verbrachte seine letzten Lebensjahre in Bebenhausen, allerdings weder zu seinem Vergnügen noch auf eigenen Wunsch.

Bebenhausen liegt am Rande des Naturparks Schönbuch und ist heute ein Stadtteil von Tübingen. Das Dörfchen sieht aus wie eine Klosterstadt, denn die wenigen

Erst Kloster, anschließend Klosterschule, dann Jagdschloss, später Exil und Witwensitz, danach Sitz des Landtages – die Anlage in Bebenhausen wurde im Lauf der Jahrhunderte multifunktional genutzt.

Gebäude schmiegen sich an das Kloster und das Schloss Bebenhausen an. Dies war früher so reizvoll für die königlichen Jagden, und das macht auch heute noch die Besonderheit dieses Ausflugsziels aus. Ein Besuch des Klosters und des Schlosses Bebenhausen kann gut mit einem Spaziergang durch den sehr interessanten Naturpark verbunden werden – wobei man hier wesentlich mehr erleben kann, als man normalerweise bei einem Sonntagsspaziergang erwartet.

Bei Bebenhausen beginnen ein Waldökologielehrpfad und der Geologische Lehrpfad. Zum Naturpark gehören auch mehrere Schaugehege. Nahe bei Bebenhausen befindet sich das Wildgatter für Schwarzwild. Deshalb sind dort Wildschweine und im Frühjahr eventuell sogar Frischlinge zu beobachten. Mehrere Seen und Weiher lockern die Waldlandschaft des Schönbuchs auf. Diese Gewässer sind jedoch zum Baden nicht geeignet. Dagegen sind die Grillplätze und Spielplätze im Schönbuch für Familien höchst interessant.

Geschichte

Das Kloster Bebenhausen wurde um 1183/84 gegründet. Zuerst lebten dort Mönche des Prämonstratenserordens. Diese verließen das Kloster aber bald wieder, es siedelten sich Zisterziensermönche an. Die Zisterzienser waren ein

Ein damals durchaus moderner Rollstuhl für die Königin ...

Orden, der sehr um Reform und Erneuerung der Kirche bemüht war. Gegründet wurden die Zisterzienser von Bernhard von Clairvaux († 1153). Von Frankreich kommend breitete sich der Zisterzienserorden auch in Deutschland rasch aus. Bebenhausen wurde zu einem der bedeutendsten Klöster in Württemberg (siehe das Kapitel über das Kloster Salem). Ende des 13. Jh. sollen zum Kloster in Bebenhausen etwa 80 Mönche und 130 Laienbrüder gehört haben. Aus der damaligen Zeit stammt auch das berühmte Sommerrefektorium (Speisesaal) im gotischen Stil.

Nach der Einführung der Reformation in Württemberg weigerten sich die Bebenhäuser Mönche, den neuen Glauben anzunehmen. Sie mussten deshalb ihr Kloster verlassen. In der Anlage wurde danach eine evangelische Klosterschule eingerichtet. Die schöne Lage am Rande des großen Waldgebietes machte das Schloss auch für Jagdgesellschaften des württembergischen Königshauses attraktiv. Zuerst wurden diese Gesellschaften im Abtshaus des ehemaligen Klosters einquartiert. Ab 1864 wurden weitere Teile des ehemaligen Klosters vom württembergischen Königshaus als Schloss genutzt.

Das für das württembergische Königshaus bis dahin eher unwichtige Schloss in Bebenhausen erlangte nach dem Ende der Monarchien in Deutschland dadurch Bedeutung, dass es ungeplanterweise zum »Ruhesitz« des letzten württembergischen Königspaares

... und eine für die damalige Zeit ebenfalls hochmoderne Großküche.

wurde. Wilhelm II. von Württemberg zog sich nach seiner Abdankung 1918 von Stuttgart aus nach Bebenhausen zurück.

Sein Verzicht auf den Thron war entsprechend der neuen Zeit freiwillig, er geschah aber gewiss nicht auf eigenen Wunsch. Wie alle Landesherren in Deutschland hatte er verstanden, dass nach der Abdankung des Kaisers in Berlin die Zeit der Territorialfürsten vorbei war. Wilhelm II. starb im Oktober 1921. Seine (zweite) Ehefrau Charlotte überlebte ihn um 25 Jahre. Auch die Königin sei von der Jagd sehr angetan gewesen, was ihr in der damaligen patriarchalischen Gesellschaft keineswegs nur Bewunderung einbrachte. Sogar der neumodischen Sportart Skifahren sei sie nachgegangen.

Noch während des Zweiten Weltkriegs plante der Oberkirchenrat Stuttgart, die Leitungsbehörde der Evangelischen Landeskirche in Württemberg, nach Kriegsende eine evangelische Akademie zu gründen. Bischof Theophil Wurm ging davon aus, dass es nach der Niederlage ein großes Fragen nach der zukünftigen Ausrichtung der Gesellschaft geben werde. Wegen der Nähe zur Universitätsstadt Tübingen und aufgrund der Tradition der Klosterschule hätte man gerne die künftige evangelische Akademie in Bebenhausen gesehen. Dies war bei Kriegsende jedoch u. a. deshalb nicht möglich, weil das Kloster noch als Altersruhesitz der Königin Charlotte belegt war. Die Akademie der württembergischen Landeskirche wurde deshalb im September 1945 im Haus der Herrnhuter Brüdergemeine in Bad Boll gegründet.

Königin Charlotte starb 1946 in Bebenhausen. Nach ihrem Tod war Bebenhausen anfangs der Sitz des Landtags von Württemberg-Hohenzollern. Mangels anderer Möglichkeiten haben damals wohl einige Abgeordnete in den früheren Mönchszellen übernachtet.

Für Kinder

Einige der ehemaligen Klosterzellen können besichtigt werden. Für Schulkinder wird es höchst interessant sein zu erfahren, dass diese Mönchszellen später als Wohnräume für die Klosterschüler genutzt wurden, also praktisch Internatszimmer waren. Vieles im Schulwesen hat sich seitdem geändert. Internatszimmer sind im Laufe der Jahrhunderte deutlich komfortabler geworden. Ob sich auch die Schüler seitdem geändert haben? In den Archiven der Klosterschule findet man Einträge über das Verhalten der Schüler, in denen von »verbotenem Baden«, »Diebstahl von Obst und Gänsen«, von »Fluchen«, »unleserlicher Handschrift«, von »Trunkenheit« und »Mädchengeschichten« die Rede ist. Immerhin: Die meisten der Bebenhausener Klosterschüler werden dennoch ihren vorgesehenen Berufsweg zum Pfarrer oder Lehrer eingeschlagen haben.

1915, als Bebenhausen keine Klosterschule mehr war, sondern als Jagdschloss genutzt wurde, wurde in dem Anwesen eine damals sehr moderne Großküche eingebaut. Diese kann »hautnah« besichtigt werden. Für Kinder wird es lehrreich sein zu erfahren, dass früher das Essen selbstverständlich auf einem Kohlenfeuer gekocht wurde. Die Schlossküche ist auch heute noch funktionsfähig! Beim Bewundern des modernen Badezimmers der Königin erfahren Kinder, dass vor 100 Jahren fließendes Wasser im Haus ein Luxus war, den sich nur wenige Menschen leisten konnten.

Im Kloster und Schloss Bebenhausen werden diverse Führungen angeboten, die zur Geschichte dieser Anlage passen. So gibt es Führungen unter dem Motto »Die Hofdame der Königin Olga präsentiert Königliches«, »Leben wie ein Mönch im Mittelalter«, »Abendlicher Laternenrundgang im Kloster« oder »Königin Olga lädt zum Hofball«. Bei vielen dieser Führungen können sich die Kinder verkleiden. Im Schloss kann man auch einen »gespenstischen« Kindergeburtstag feiern.

Einen Besuch in Bebenhausen sollte man langfristig planen und die für die Kinder passende Führung aussuchen. Auch sollte er unbedingt mit einem Spaziergang durch das einstige königliche Jagdrevier, den heutigen Naturpark Schönbuch, verbunden werden. Mehr dazu erfährt man unter www.naturpark-schoenbuch.de; der Naturpark beginnt direkt bei Bebenhausen.

Im Volk verwurzelt

Die Baudenkmäler der Königszeit werden in Württemberg in Ehren gehalten, wie eigentlich das gesamte Ansehen der Könige. Praktisch konnten alle württembergischen Könige im 19. und 20. Jh. – anders als manche ihrer Vorgänger zur Zeit des Absolutismus – davon ausgehen, dass sie im Volk ebenso als »geliebter Herr« angesehen waren. Über Eberhard I. (im Bart), den ersten Herzog Württembergs, schrieb Justinus Kerner 1818 die Ballade »Preisend mit viel schönen Reden«:

Preisend mit viel schönen Reden
Ihrer Länder Wert und Zahl,
Saßen viele deutsche Fürsten
Einst zu Worms im Kaisersaal.

»Herrlich«, sprach der Fürst von
Sachsen,
»Ist mein Land und seine Macht;
Silber hegen seine Berge
Wohl in manchem tiefen Schacht.«

(...)

Eberhard, der mit dem Barte,
Württembergs geliebter Herr,
Sprach: »Mein Land hat kleine
Städte,
Trägt nicht Berge silberschwer;

Doch ein Kleinod hält' s verborgen:
Daß in Wäldern, noch so groß,
Ich mein Haupt kann kühnlich
legen
Jedem Untertan in Schoß.«

Und es rief der Herr von Sachsen,
Der von Bayern, der vom Rhein:
»Graf im Bart! Ihr seid der Reichste!
Euer Land trägt Edelstein!«

In der Hitlerzeit wurden in einem ähnlichen Gedicht (»Preisend mit viel frommer Rührung, ihrer Kirchen Art und Führung«) die unterschiedlichen Bischöfe der evangelischen Landeskirchen dargestellt. Lob erfuhr Theophil Wurm, evangelischer Bischof von Württemberg. Er war zwar kein Widerstandskämpfer, ließ sich aber nicht »gleichschalten«. Als aus den Einrichtungen der Diakonie Menschen mit Behinderungen abtransportiert und in Grafeneck bei Münsingen umgebracht wurden, protestierte er öffentlich – mit recht wenig Unterstützung seiner Amtskollegen.

Das Oberhaupt Württembergs konnte auch lange nach der Zeit von Herzog Eberhard – sofern er nicht gerade selbst ein Gewalttäter war wie etwa Eberhards Nachfolger Ulrich (siehe Kapitel über Schloss Lichtenstein) – sein Haupt jedem Untertan in den Schoß legen. Der Schwabe neigt nicht zur Revolution, auch wenn die gerade wie im November 1918 reichsweit angesagt war. In Stuttgart fand anders als in anderen deutschen Landeshauptstädten allenfalls ein »Revolutiönchen« statt. Und erst recht greift man in Württemberg normalerweise nicht den König und auch nicht den neuzeitlichen Landesherrn an – jedenfalls, solan-

ge sich dieser nicht völlig daneben benimmt.
Schon im November 1918 lief in Stuttgart die »Revolution« weitgehend unspektakulär ab. Einer der führenden »Revolutionäre«, der Sozialdemokrat Arthur Crispien, der kurz darauf Innenminister in Stuttgart wurde, hatte den Umstürzlern in Stuttgart noch eingeschärft: »Lasst mir ja den alten Herrn dort drüben in Ruhe.« Der so bezeichnete König vereidigte am 9. November 1918 noch die neue Regierung. Dann wurde das Wilhelmspalais (heute Stadtbücherei) »gestürmt«, wobei allein die Macht der Kammerdiener ausreichte, keinen von der Straße bis zum König vorzulassen. Allerdings wurde auf dem Wilhelmspalais die rote Fahne hochgezogen. Mit diesem Akt hatte die Revolution in Württemberg bereits ihren grausigen Höhepunkt erreicht.
König Wilhelm II. nahm es dennoch seinen Stuttgartern mehr als übel, dass sie sich nicht vor ihn gestellt hatten. Bis dahin war er ja in Stuttgart keineswegs unbeliebt gewesen. Oft war er mit seinen zwei

Abendstimmung über dem kleinen, aber feinen Tübinger Stadtteil Bebenhausen.

Spitzern spazieren gegangen und wurde dann mit »Grüß Gott, Herr König!« gegrüßt. Noch am Abend des 9. November verließen er und die Königin Stuttgart – und zwar für immer. In Bebenhausen war man auf das Kommen des Königs mit seinem kleinen Gefolge – drei Kraftwagen seien es gewesen, die nach Bebenhausen fuhren – gar nicht eingestellt. Man sei froh gewesen, dass man an diesem Abend für den König wenigstens noch ein warmes Essen auf den Tisch brachte.
Mit Stuttgart versöhnte sich König Wilhelm II. nie mehr. Begraben wurde er auf dem Alten Friedhof in Ludwigsburg. Königin Charlotte blieb bis zu ihrem Tod im Jahr 1946 in Bebenhausen wohnen. Die Nazis wagten nicht sie anzutasten, obwohl sie im Kontakt mit der Familie von Stauffenberg stand. Bischof Wurm zu verhaften wagten die Nazis genauso wenig – zu sehr fürchteten sie den Protest des württembergischen Volks.

■ **Öffnungszeiten:** *Das Schloss ist nur im Rahmen einer Führung zugänglich. Führungen im Schloss werden von April bis Oktober von Dienstag bis Sonntag 11–17 Uhr, von November bis März von Dienstag bis Freitag um 14 und 15 Uhr und samstags, sonn- und feiertags 11–16 Uhr angeboten. 24. und 25. Dezember sowie 1. Januar sind Ruhetage. Die Schlossküche ist von April bis Oktober an Samstagen, Sonn- und Feiertagen 11–17 Uhr geöffnet. Öffnungszeiten des Klosters: Von April bis Oktober täglich 9–18 Uhr. Von November bis März von Dienstag bis Sonntag sowie feiertags 10–12 sowie 13–17 Uhr. Klosterführungen von April bis Oktober Samstag, Sonn- und Feiertag 14 und 15 Uhr.*

■ **Kontakt:** *Schloss und Kloster Bebenhausen, Im Schloss, 72074 Tübingen, Telefon (0 70 71) 60 28-02, E-Mail: info@kloster-bebenhausen.de, www.kloster-bebenhausen.de*

■ **Eintrittspreise:** *Die Kombikarte für den Eintritt ins Kloster und die Führung durch das Schloss sowie samstags, sonn- und feiertags durch die Schlossküche kostet für Erwachsene € 7,00 und für Familien € 17,50. Mit Führung statt Besichtigung im Kloster zahlen Erwachsene € 8,00 und Familien € 20,00.*

■ **Position:** *48°33´41´´N, 9°3´39´´E.*

■ **Lage:** *Inmitten des sehr kleinen Tübinger Teilorts Bebenhausen; Wanderungen bieten sich sehr gut an.*

■ **Badeseen:** *Kirchentellinsfurter Baggersee, 48°32´29´´N, 9°8´21´´E. Hirschauer Baggersee, 48°29´49´´N, 9°0´17´´E.*

Schloss Bruchsal

Mit dem kleinen Drachen durchs Schloss

Edel, edel, so präsentiert sich das Bruchsaler Schloss dem Besucher. Da es mitten in der Stadt liegt, lässt sich eine Besichtigung besser mit einem Einkauf als mit einer Wanderung verbinden. Abgesehen von den Themenführungen wird auch die Musikinstrumentensammlung für Kinder recht interessant sein.

Dieses Schloss war einst die Residenz der Fürstbischöfe von Speyer. Es liegt im Stadtzentrum von Bruchsal. Der Sitz des Fürstbischofs war ursprünglich nicht gerade als »Pfarrhaus«, sondern eher als Regierungsviertel angelegt. Zum Hauptgebäude »Corps de Logis« sollten Verwaltungsgebäude, Kasernen, Stallungen, eine Reitbahn, ein Ehrenhof, Häuser für die Wachmannschaften sowie ein großzügiger Schlossgarten gehören. Heute ist der Schlosspark eine öffentliche Grünanlage der Stadt Bruchsal. Die Aufteilung der »Zentrale« des Bistums Speyer auf mehrere Bauten war auch das Resultat der Erfahrungen aus vergangenen Kriegen: Bei einem Brand sollte das Feuer nur einzelne Baukörper, nicht aber die gesamte Residenz zerstören können.

Nobel, sehr nobel geht es an manchen Tagen in der fürstbischöflichen Residenz zu. »Normalsterbliche« sind trotzdem willkommen.

Auch im Stadtzentrum, nur wenige Meter entfernt von der fürstbischöflichen Residenz, liegt ein ebenfalls architektonisch sehenswertes Gebäude. Dieses dürfen jedoch nur die allerwenigsten Bürger besichtigen, und deren Aufenthalt darin dauert meistens recht lang. Die 1848 erbaute Bruchsaler Justizvollzugsanstalt ist sternförmig angelegt mit einer Kuppel über dem Zentralbau. Aufgrund einer »systembedingt notwendigen« hohen Mauer an der Grundstücksgrenze kommt das durchaus interessante Gebäude im Stadtbild aber kaum zur Geltung. Ein Modell davon befindet sich im Museum der Stadt Bruchsal, das ebenfalls im Schloss untergebracht ist.

Geschichte

Das Bruchsaler Schloss wurde ab 1720 im Barockstil erbaut. Die vorherige fürstbischöfliche Residenz in Speyer ist im Jahr 1689 zerstört worden. Auch abgesehen davon war Speyer trotz seines imposanten Doms nicht mehr das Wunschdomizil der Fürstbischöfe, denn die freie Reichsstadt war evangelisch geworden. Bauherr des Bruchsaler Schlosses war Fürstbischof Damian Hugo von Schönborn-Buchheim. Vom Selbstbewusstsein der Fürstbischöfe zeugt die Tatsache, dass das Vorbild des Bruchsaler Schlosses kein geringeres als das von Versailles war. Der genannte Bauherr schrieb über den Baufortschritt

Spielautomaten – ohne MP3-Player, dafür mit Feinmechanik – …

seines »Pfarrhauses« in einem Brief Folgendes: »Mit meinem bau wil es dies jahr noch nicht rechdt rutschen, und bin ich mit dem baumeister nicht rechdt zufrieden und dem bauamdt, dan es seindt etliche sehr böse und gefährliche dinge paßiret, also das nun alle tag selbst auf den bauplatz fahre und nachschaue.« Bauherren unserer Zeit können sich also damit beruhigen, dass es auf Baustellen früherer Jahrhunderte offenbar auch nicht viel anders zuging als heute. 1728 übernahm der berühmte Barock-Baumeister Balthasar Neumann die Bauleitung. Er entwarf auch die Gestaltung des berühmten Treppenhauses des Bruchsaler Schlosses. Dieses Treppenhaus führt zu den beiden Festsälen des Schlosses, dem Fürstensaal und dem Kaisersaal. Damian Hugos Nachfolger im Amt des Fürstbischofs, Franz Christoph Freiherr von Hutten zu Stolzenfels, ließ den Bau mit Stilelementen aus dem Rokoko vollenden.

Ein drastischer Eingriff in den Schlosspark war 1843 der Bau der Bahnlinie Heidelberg–Karlsruhe (die heutige Rheintaleisenbahn), die mitten durch den Park geführt wurde. Das Bruchsaler Schloss wurde beim Luftangriff vom 1. März 1945 schwer beschädigt. Große Teile des berühmten Treppenhauses blieben aber erhalten. 1964 begann der Wiederaufbau, der erst 1993 abgeschlossen war.

Für Kinder

Im Schloss Bruchsal werden mehrere kindgerechte Sonderführungen angeboten. Eine dieser Führungen hat das Thema »Zu Besuch am Hofe des Fürstbischofs – eine Führung für die ganze Familie«. In dieser Führung geht es auch darum: Wie lebten die barocken Fürsten und ihre Diener in der Bruchsaler Residenz? Wie war das mit dem Essen und dem Fasten? Wie sah es aus mit dem Baden im Barock? Und welche Rezepte hatten die Ärzte im 18. Jh. gegen die kleinen Leiden? »Von Gnomen und Zwergen« oder »Wie viele Drachen bewachen das

... und Ureinwohnern begegnet man im Schloss Bruchsal ebenfalls.

Schloss? Mit dem kleinen Schlossdrachen auf Entdeckungsreise« lauten weitere Themen der Sonderführungen. Das Schloss hat sogar eine eigene Kinderwerkstatt.

Pubertierende Jugendliche werden im Schloss schlagartig zu hochwohlgeborenen und -erzogenen jungen Damen und Herren, wenn sie – in standesgemäßem Kostüm – höfisches Zeremoniell lernen. Für mehr oder weniger kunstinteressierte Jugendliche können auch die Deckengemälde höchst interessant sein, und sei es nur wegen Fragen wie dieser: »Was haben halbnackte Göttinnen bei einem Bischof zu suchen?« Es gibt spezielle Führungen, in denen die optischen Täuschungen und Scheinperspektiven erklärt werden. Für solche Führungen lohnt es sich sogar, ein Fernglas mitzubringen. In anderen Führungen wandeln die Besucher in Form einer Polonaise durch die Säle des Schlosses. Am Geburtstag Prinz oder Prinzessin sein, wenn man den Kindergeburtstag im Bruchsaler Schloss feiert, kann man natürlich auch.

Museen im Schloss

Beinahe despektierlich hört es sich an, dass im Bruchsaler Barockschloss auch eine Sammlung von Musikautomaten untergebracht ist. Dieser Teil des Bruchsaler Schlosses ist eine Außenstelle des Badischen Landesmuseums in Karlsruhe – was für den Besucher des Schlosses allerdings keine Rolle spielt. Bei diesen »Musikautomaten« sollte man nicht an die seelenlosen Abspielgeräte denken, die mit schlechten Lautsprechern in Gaststätten für 50 Pfennige ein Lied plärrten. In Bruchsal findet man seit 1984 eine hochwertige Sammlung mechanischer Musikautomaten. Dargeboten werden also keine »Konserventöne« von einer CD oder einem Tonband, vielmehr erzeugen die Musikautomaten ihre Musik tatsächlich mit Orgelpfeifen, Saiten oder klingendem Metall.

Anzuschauen und anzuhören ist auch der selbstspielende Hupfeld-Flügel aus dem Besitz des ersten Bundeskanzlers. Mit diesem Instrument konnte auch der musikalische Laie Konrad Adenauer bewundernswerte Klaviermusik ertönen lassen. Zur Sammlung des Museums gehört eine Orgel, die für die Titanic bestellt worden war. Das Instrument konnte nicht rechtzeitig geliefert werden und entging so dem Untergang. Für Kinder ist dieses Museum durchaus interessant und lehrreich, denn bei vielen Automaten – praktisch eher mechanischen Musikinstrumenten – sieht man, wie die Töne erzeugt werden. Einige Instrumente können auch von den Kindern selbst bedient werden.

Das Museum der Stadt Bruchsal – ebenfalls im Schloss untergebracht – zeigt archäologische Funde von der Jungsteinzeit bis zum Mittelalter. Das zweite Thema des Stadtmuseums ist der Strafvollzug in Bruchsal von seinen Anfängen 1848 bis zur ersten Hälfte des 20. Jh.

■ **Öffnungszeiten:** *Schloss: Dienstag bis Sonntag 10–17 Uhr. Führungen finden von März bis Oktober 10–16 Uhr jeweils zur vollen Stunde statt.*
Musikautomatenmuseum: Dienstag bis Sonntag 10–17 Uhr.
Museum der Stadt Bruchsal: Dienstag bis Sonntag 10–17 Uhr.
Alle drei Museen sind montags nur an Feiertagen geöffnet.

■ **Kontakt:** *Schloss Bruchsal, Schlossraum 4, 76646 Bruchsal, Telefon (0 72 51) 74 26 61, E-Mail: info@schloss-bruchsal.de, www.schloss-bruchsal.de*

■ **Eintrittspreise:** *Kombikarte für alle drei Museen: Erwachsene € 5,00, ermäßigter Eintritt € 2,50, Familien € 12,50. Sonderführungen: Erwachsene € 9,00, ermäßigt € 4,50.*

■ **Position:** *49°7´48´´N, 8°35´39´´E.*

■ **Lage:** *Inmitten der Stadt Bruchsal.*

■ **Badeseen:** *Baggersee bei Untergrombach, 49°5´44´´N, 8°32´50´´E.*

Schloss Heidelberg

Ab und zu brennt es hier

Heidelberg ist durchaus auch für Besucher aus Deutschland interessant! Nach der Terminplanung, wann ein für Kinder attraktives Programm im Schloss angeboten wird, ist von den Eltern noch die Frage zu klären, wo man während der Besichtigung von Stadt und Schloss das Auto stehen lässt.

In Japan und Amerika ist das Heidelberger Schloss wohl einer der bekanntesten Repräsentationsbauten Deutschlands. Es werden inzwischen wohl mehrere Millionen Japaner und Amerikaner gewesen sein, die von der etwa 80 m tiefer gelegenen Altstadt aus meist wenig gelungene Fotos von der Schlossruine aufgenommen haben. (Für ambitionierte Fotografen: Das Schloss fotografiert man besser vom Philosophenweg aus, der auf der gegenüberliegenden Neckarseite auf beinahe derselben Höhe wie das Schloss verläuft.) Der Anblick der Ruinen des Schlosses hatte Jahrhunderte vorher schon Künstler der Romantik vielfach inspiriert.

Inzwischen ist Heidelberg ein unverzichtbares Element der Tour »Europe in 7 days« für Amerikaner und Japaner geworden. Nach der Besichtigung von Schloss Neuschwanstein geht es über »Heidelböerg« weiter nach »Böerlin«. Kuckucksuhren aus dem Black Forest kann man schließlich auch in der Fußgängerzone in Heidelberg kaufen, entsprechend der Kundschaft natürlich »tax free«.

Immerhin: Es werden auch sehr gute Führungen für (deutschsprachige) Kinder angeboten. Sehr bekannt im Heidelberger Schloss ist das größte Holz-Weinfass der Welt. Immerhin 195 000 Liter passen hinein. Unter Kurfürst Karl Philipp

(1716–1742) soll der Hofnarr Perkeo auch der Fasswächter gewesen sein. Nach einer Legende starb der Fasswächter, nachdem er einmal anstatt Wein ein Glas Wasser getrunken hatte.

Geschichte

Das Heidelberger Schloss war die Residenz der Kurfürsten der Pfalz. Die Anfänge dieses Baus liegen wohl im 13. Jh. Nach dem Tod des kinderlosen Kurfürsten Karl II. († 1685) wollte der französische König Ludwig XIV. die Pfalz an sich reißen. Im Pfälzischen Erbfolgekrieg wurde das Heidelberger Schloss von französischen Soldaten 1689 und 1693 zerstört. Später wurde es nur teilweise wiederaufgebaut. Das war damals auch nicht notwendig, denn für die Kurfürsten der Pfalz wurde ein dem Stil der Zeit entsprechendes neues Schloss im Barockstil in Mannheim gebaut.

Dieser bleibende und gewollte Charakter der Heidelberger Ruine inspirierte die Dichter der Romantik mehr als ein intaktes Schlossgebäude. Von 1890 bis 1900 wurde der Friedrichsbau – heute der zentrale Teil der Burganlage – im Stil des Historismus wiederaufgebaut. Die heutige Schlossanlage stellt sich somit als ein Gemisch mehrerer Baustile dar – was ihrem romantischen Charakter aber keinen Abbruch tut.

Für Kinder

Es werden an festgelegten Terminen Themenführungen für Kinder angeboten wie »Geisterstunde im

Mit Schloss und Altstadt ein Ausflugsziel par excellence: Heidelberg am Neckar.

Am Modell sieht man, wie das Heidelberger Schloss vor seiner Zerstörung ausgesehen hat.

Schloss«, »Mord im Schloss« oder »Schlossweihnacht für Kinder«. Eine Familienführung in der Dämmerung mit einem »Dolch im Gewande« steht an manchen Tagen auch auf dem Programm. Höchstgefährlich geht es wohl auch zu beim Kinderkrimi zum Mitspielen und Mitraten unter dem Thema: »Ein Biss-chen Mord – die Vampire sind los«. Romantischer wird es bei der Führung »Von Rittern, Zwergen und schönen Prinzessinnen«. Auf der Tour durchs Schloss mit sieben Streichen – inspiriert von Wilhelm Busch: »Ach, was muss man oft von bösen Kindern hören oder lesen« – wird es wieder handfester. Schlossgespenst Hugo, das selten, aber sehr zuverlässig an vorher bekannten Tagen im Schloss auftaucht, braucht hingegen sogar die Hilfe der Kinder, um sich im eigenen Zuhause wieder zurechtzufinden.

Feuer im Schloss

In Heidelberg wird dreimal im Jahr zur Schlossbeleuchtung eingeladen. Immer an einem Samstag, mit Beginn um zirka 22 Uhr, wird das Schloss in bengalisches Feuer getaucht. Die Fassade des Schlosses erstrahlt in leuchtendem Rot, als brenne das Gebäude. Die Veranstaltung beginnt damit, dass die Straßenbeleuchtung in der Altstadt erlischt. Dann werden Böller gezündet als Erinnerung an die Kanonenschüsse. Die »Schlossbeleuchtung« ist ein stimmungsvoller Rückblick auf den Brand des Schlosses und der Stadt nach Angriffen der Franzosen in den Jahren 1689 und 1693. Rund um das Schloss werden in vorher bereitgestellten Behältnissen Feuer angezündet. Anschließend wird auf der Alten Brücke in Heidelberg ein Feuerwerk abgebrannt.

Schon allein wegen der Uhrzeit sind die »Schlossbeleuchtungen« nicht für Ausflüge mit Kindern unter zwölf Jahren geeignet. Wer mit älteren Kindern zu diesem Ereignis Heidelberg besucht, muss damit rechnen, dass in dieser Nacht in der Altstadt ein starkes Gedränge herrscht und es mitunter ziemlich laut zugeht. Wer mit dem Auto erst abends ankommt, wird nicht einmal mehr in einem Parkhaus einen Parkplatz finden. »Normal« parken kann man in der Heidelberger Altstadt sowieso nicht. Auf der rechten Neckarseite, also der dem Schloss gegenüberliegenden Seite, hat man etwas bessere Chancen.

Eine gute – und ruhigere – Aussicht auf das Schloss und das Feuerwerk hat man vom Philosophenweg aus. Auf dem Schlangenweg gelangt man vom rechten Neckarufer nach oben auf den Philosophenweg. Die schönste – freilich auch die teuerste – Sicht auf Schloss und Feuerwerk hat man, wenn man an diesem Abend auf einem Neckarschiff mitfährt. Auf www.heidelberg-marketing.de finden sich die Termine der Schlossbeleuchtung.

Schloss Heidelberg bekam seine heutige Form als »Teil-Ruine« durch die Angriffe und Brände Ende des 17. Jh. Recht häufig wurden Burgen, Schlösser und Klöster ein Raub der Flammen – oft auch ohne einen Angriff von Feinden. 1697 zerstörte ein Brand das Zisterzienserkloster Salem. Es ist dokumentiert, welche Lehren die Mönche beim Wiederaufbau ihres Klosters daraus zogen. Auch über 300 Jahre später wird die Anlage als vorbildlich in puncto Brandschutz angesehen. In Schloss Salem ist ein Feuerwehrmuseum eingerichtet, in dem die Feuerlöschtechnik aus vier Jahrhunderten dargestellt wird.

Feuerwehrgeschichtlich eindrucksvoll ist auch der Brand des Schlosses Sigmaringen (1893). Damals wurde der Ostflügel weitgehend beschädigt, aber wiederaufgebaut. Das Feuer konnte auch deshalb nicht wirkungsvoll bekämpft werden, weil die Schläuche der württembergischen und der preußischen Feuerwehren nicht zusammenpassten. Das Wasser musste mit einer Eimerkette von der Donau nach oben zum Schloss gebracht werden.

Objekte auf schwer zugänglichen Bergspitzen sind bis heute im Sinne des abwehrenden Brandschutzes »Risikoobjekte«. 1963 wurde der Ostflügel des Schlosses Langenburg bei einem Großbrand zerstört, so dass der Besitzer Schloss Weikersheim verkaufen musste, um die Renovierung von Schloss Langenburg zu bezahlen. 1975 brannte die Albvereinshütte auf dem Hohen-

Das Heidelberger Schloss ist eine der größten und schönsten Ruinen Deutschlands.

staufen ab. Diese stand wie die einstige Burg auf dem Gipfel und war so für die Feuerwehrmänner mit ihrer Ausrüstung schwer erreichbar.

Ein Feuer beschädigte 1979 das Hauptgebäude des Klosters Kirchberg schwer. Zwar ist das Klostergelände gut befahrbar, aber es liegt – wie etliche Klöster – weitab von anderen Siedlungen, so dass die Feuerwehren einen weiten Anfahrtsweg hatten. Nach dem Brand im Kloster wurde am Konventsgebäude ein zweites Treppenhaus als weiterer Rettungsweg angebaut. 1994 brannte das Bärenschlössle in der Nähe des Schlosses Solitude ab. Das in einem großen Waldgebiet liegende Schlösschen ist für Feuerwehren ebenfalls nicht einfach zu erreichen.

In fast allen historischen Gebäuden sind heute Brandmeldeanlagen und moderne Feuerlöscheinrichtungen installiert. Kaum etwas zu ändern ist an der Enge, die sich oft durch die historische Architektur ergibt. So ist in der Burg Hohenzollern der berühmte Rampenturm nach wie vor einziger Zugang zum Hof. Eine Stunde dauert es im Ernstfall, bis das größte Feuerwehrfahrzeug, die Drehleiter der Feuerwehr in Bisingen, oben im Burghof angekommen ist.

Aus diesem Grund haben die Feuerwehren einen Einsatzplan, mit welchen ihrer kleineren Löschfahrzeuge sie als Erstes zum Burghof hinauffahren. Und der funktioniert auch. Bei einem Brand im Juni 2007 in der Küche der Burgschän-

Wer alle Möglichkeiten vor Ort ausschöpfen will, wird sehr dankbar für diesen Raum im Heidelberger Schloss sein.

ke zeigte sich, dass die moderne Technik und eine geübte Feuerwehr auch historische Gebäude wirksam schützen können. Größerer Schaden konnte vermieden werden.

Praktische Infos

Heidelberg ist für Familien verkehrstechnisch nicht so einfach, oder anders ausgedrückt: ziemlich teuer. Am Schloss gibt es keine Parkmöglichkeiten. Das Auto irgendwo im Parkverbot abstellen sollte man in Heidelberg lieber nicht: Es wird gnadenlos abgeschleppt. Unten in der Altstadt kann nur in einer der keineswegs günstigen Tiefgaragen geparkt werden. Mit Kinderwagen wäre der anschließende Aufstieg von der Altstadt hinauf zum Schloss beschwerlich, es sei denn, man nimmt gleich die Kombikarte inklusive Bergbahn bis zur ersten Station.

Die beste Möglichkeit ist deshalb, die Heidelberger Bergbahn mit ihrer vollen Länge als weiteres »Event« für die Kinder gleich einzukalkulieren (eben auch finanziell) und dann oben an der Bergstation am Königstuhl (49°24´11´´N, 8°43´40´´E) bzw. am Märchenparadies, d. h. weit oberhalb des Schlosses, das Auto kostenfrei abzustellen. Dann kann man bequem mit der Bergbahn hinab zum Schloss fahren und gegebenenfalls danach noch weiter hinab in die Altstadt. Dies bietet sich vor allem dann an, wenn man sich noch länger in Heidelberg aufhalten will, z. B. für eine Schifffahrt auf dem Neckar.

Im Prinzip ist die Heidelberger Bergbahn lediglich ein Verkehrsmittel zum Personentransport zum Schloss und zum Königstuhl, aber: Die Bahn bietet auch ein einzigartiges Nostalgieerlebnis. In den Stationen darf der Aufzug neben den Treppen nur von Rollstuhlfahrern, nicht aber mit Kinderwagen benutzt werden – laut Betreiber aus Sicherheitsgründen, für den Benutzer aber unverständlich. Preis für zwei volle Strecken vom Königstuhl über die Haltestelle Schloss bis zum Stadtzentrum: zwei Erwachsene mit zwei Kindern € 28,00, mit drei Kindern € 34,00. Unter www.bergbahn-heidelberg.de gibt es weitere Infos.

Oben am Königstuhl ist für Familien mit Kindern ein Märchenparadies aufgebaut. An den Pavillons werden nicht nur Märchen dargestellt, auch Mini-Autoscooter, eine elektrische Pferdebahn und eine Eisenbahn stehen für Kinder bereit. Die Eintrittspreise sind im Prinzip moderat, wobei für diverse Fahrgeschäfte Wertmünzen für jeweils € 0,50 erforderlich sind. Weitere Infos: www.maerchenparadies.de

Auf dem Heiligenberg, der dem Schloss gegenüberliegt (also oberhalb des rechten Neckarufers), befindet sich eine »Thingstätte«. Sie ist eine einem griechischen Theater nachempfundene Anlage mit »Arena« und 56 halbrund angeordneten Sitzreihen unter freiem Himmel. Dieses »Stadion« im Wald mit 20 000 Sitzplätzen wurde 1935 für nationalsozialistische Feiern gebaut. Ein Problem für die Nutzung bei Massenveranstaltungen ist, dass damals offensichtlich nicht bedacht wurde, dass die Zuschauer auch mal aufs Klo müssen. Sanitäranlagen gibt es an der Thingstätte bis heute nicht. Die inzwischen etwas verfallene Anlage ist frei zugänglich.

Hinter der pseudo-historischen Stätte liegen auf dem Michaelsberg die (echten) Ruinen eines Klosters (11. Jh.). Der Michaelsberg ist dem Heiligenberg vorgelagert. Den Heiligenberg kann man problemlos mit dem Auto »erklimmen«. Auf dem Neckar bei Heidelberg kann man auch mit dem Schiff fahren (www.hdsolarschiff.de und www.neckarschiffahrt.de).

- **Öffnungszeiten:** *Schlosshof und Großes Fass: 8–17.30 Uhr. Die Innenräume sind nur im Rahmen einer Führung zugänglich. Zu den Terminen der Führungen siehe www.schloss-heidelberg.de*

- **Kontakt:** *Schloss Heidelberg, 69117 Heidelberg, Telefon (0 62 21) 6 58 88-0 und 53 84 21, E-Mail: service@schloss-heidelberg.de, www.schloss-heidelberg.de*

- **Eintrittspreise:** *Die Kombikarte (Schlosshof, Großes Fass, Deutsches Apothekenmuseum, Benutzung der Bergbahn von der Stadtmitte bis zur Haltestelle Schloss, d. h. nicht bis hinauf zum Königstuhl) kostet für Erwachsene € 5,00, ermäßigt € 3,00. Führungen kosten zusätzlich: Erwachsene € 4,00, ermäßigt € 2,00, Familien € 10,00.*

- **Position:** *49°24´36´´N, 8°42´57´´E.*

- **Lage:** *Etwas oberhalb der Altstadt von Heidelberg.*

- **Badesee:** *Sankt-Leoner-See, 49°16´57´´N, 8°35´2´´E.*

Kloster Hirsau

Fackelschein in alten Klostermauern

Auf den ersten Blick gibt es hier nicht mehr viel zu sehen: Das Kloster ist eine Ruine und kaum noch als ehemaliges geistliches Zentrum zu erkennen. An den wenigen Tagen im Jahr, an denen hier ein Kinderprogramm angeboten wird, geht es in den Resten der Klosteranlage aber wieder sehr lebendig zu.

Einstmals war die Benediktinerabtei Hirsau einer der wichtigsten Orte des klösterlichen Lebens in Deutschland. Der kleine Ort wurde zum Ausgangspunkt der von Cluny in Frankreich kommenden Reformbewegung, die auch in Deutschland heimisch wurde. Über einhundert Klöster in Deutschland wurden von diesem geistlichen Zentrum im Nordschwarzwald beeinflusst. Heute kann man von dieser Anlage beinahe nur noch Ruinen betrachten. Der Eulenturm und die Marienkapelle stehen über diesen Steinen als stumme Zeugen glanzvoller, vergangener Jahrhunderte. Bemerkenswert: Hirsau ist eine Ruine »mit Programm«. In den alten Mauerresten erklären Museumsführerinnen und -führer die Geschichte der Ruinen so, dass in den Überresten Leben entsteht und die

Benediktinermönche im Kopf des Zuhörers auferstehen.

Geschichte

Schon seit dem 9. Jh. gab es in Hirsau ein Kloster. Auf den Mauern des ersten Klosters wurde im 11. Jh. das Kloster Sankt Aurelius gebaut. Die Reste der dreischiffigen Säulenbasilika erinnern heute noch an diesen Bau. Auf der anderen Seite der Nagold entstand ab etwa 1080/90 das größere Kloster Sankt Peter und Paul. Ob dieser größere Bau die wichtige Bedeutung des Hirsauer Klosters unterstreichen sollte, oder ob der Umzug auf einen etwas höher gelegenen Standort einfach wegen der häufigen Hochwasser der Nagold erfolgte, lässt sich heute nicht mehr klären. Unter Herzog Ulrich wurde auch das Hirsauer Kloster aufgelöst. Wie in fast allen aufgelösten Klöstern richtete man in den leeren Räumen eine Schule ein.

In unmittelbarer Nähe des Klosters wurde ab 1586 ein herzogliches Jagdschloss im Renaissancestil errichtet. 1692 vernichtete ein Brand das Kloster und einen großen Teil des Orts. Erhalten blieben die Marienkapelle und der 37 m hohe Eulenturm. Das Kloster wurde nicht wiederaufgebaut; die Ruinen dienten als Steinbruch. Auch vom Jagdschloss stehen nur noch die Außenmauern. In einem der Wirtschaftsgebäude des Klosters befindet sich heute das Klostermuseum.

Kleines, aber feines Baudetail der ehemaligen Klosteranlage.

Für Kinder

Ein spezielles Programm für Kinder wird in Hirsau nur an wenigen Tagen im Jahr angeboten – dann aber wird es in der scheinbar toten Ruine sehr lebendig. Jeweils im Frühjahr und im Herbst werden Kinder in den Ruinen zu einer abendlichen Fackelwanderung eingeladen. Weitere zwei Mal im Jahr, jeweils an einem Sonntagnachmittag, erklärt »Mönch Joachimus« den Kindern, wie die Hirsauer Mönche im Mittelalter lebten. Mit seinen jungen Gästen besucht er auch das herzogliche Jagdschloss. Gastfreundlich wie die Benediktiner waren, wird den Kindern dabei auch etwas zu essen und zu trinken angeboten.

Viel ist nicht mehr zu sehen vom Hirsauer Kloster. Die interessanten Führungen allerdings lassen im Kopf der Zuhörer wieder die Gesamtansicht der Anlage entstehen.

■ **Öffnungszeiten:** *Das Sankt-Aurelius-Kloster ist von Montag bis Sonntag 10–17 Uhr geöffnet. Außenanlagen und Kräutergarten sind frei zugänglich.*
Die Ruinen der Klosteranlage Sankt Peter und Paul sind frei zugänglich. Führungen durch die Ruinen werden von Mai bis Oktober jeweils am Sonntag um 11 und 14.30 Uhr angeboten.
Das Klostermuseum Hirsau ist von April bis Oktober von Dienstag bis Freitag 13–16 Uhr sowie an Samstagen und Sonntagen 12–17 Uhr geöffnet.

■ **Kontakt:** *Kloster Hirsau, Klosterhof, 75365 Calw-Hirsau. Für Führungen durch das Klostermuseum Hirsau: Museumskasse,*
Telefon (0 70 51) 5 90 15, E-Mail: klostermuseum@calw.de
Für Führungen durch die Klosteranlage und die Kirche Sankt Aurelius sowie Informationen und Anmeldung für Sonderführungen: Stadtinformation Calw,
Telefon (0 70 51) 1 67-3 99, E-Mail: stadtinfo@calw.de, www.calw.de

■ **Eintrittspreise:** *Klostermuseum* **Hirsau:** *Erwachsene € 2,50, ermäßigt € 1,50. Die Klosteranlage ist ohne Eintrittsgeld frei zugänglich. Führungen kosten für Erwachsene € 3,50, ermäßigt € 2,50. Die »Fackelführung« kostet pro Person € 5,00 inklusive Fackel, die Führung durch das Kloster und durch das Jagdschloss inklusive Gebäck und Getränk € 6,50. Für diese Veranstaltungen ist eine Anmeldung mindestens zwei Wochen vorher erforderlich.*

■ **Position:** *48°44´16´´N, 8°43´56´´E.*

■ **Lage:** *Inmitten der Stadt Hirsau.*

■ **Badesee:** *Nagoldtalsperre, 48°33´11´´N, 8°29´37´´E.*

Burgruine Hohenstaufen

Ein Kettenhemd ist ganz schön schwer

Ehemals sehr bedeutend, heute aber recht unscheinbar, so präsentiert sich die Burgruine Hohenstaufen. Die Ausstellung am Fuß des Berges ist sehr gut gestaltet, aber mit ihrem recht überschaulichen Format nicht mit einem großen Museum zu vergleichen. Doch Kinder können dort unter anderem am eigenen Leib das Gewicht eines Kettenhemds spüren. Ein Spaziergang hinauf zum Hohenstaufen lässt sich gut mit einer Besichtigung des Klosters Lorch verbinden.

Der Hohenstaufen ist ein Pflichtprogrammpunkt für alle, die sich für die Geschichte der Staufer interessieren – auch wenn es außer im Dokumentationszentrum hier nicht mehr viel zu sehen gibt. Als Ausflugsziel für Familien mit Kindern wird der Hohenstaufen jedoch nur ein »Nebenprogramm« sein. Auf dem 684 m hohen Berg Hohenstaufen stand einst die Stammburg der Staufer. Von der Burg ist abgesehen von ein paar Grundmauern nichts mehr erhalten. Kindern ab zwölf Jahren kann man im »Dokumentationszentrum« am Fuß des Berges jedoch die Geschiche des deutschen Königs- und Kaisergeschlechtes der Staufer gut erklären.

Geschichte

Erbaut wurde die Burg Hohenstaufen wahrscheinlich um 1070 von Friedrich von Schwaben. Bis zum 13. Jh. war die Burg Stammsitz des Königs- und Kaisergeschlechts der Staufer. Wie deren Burg genau ausgesehen hat, weiß man heute nicht mehr. Ein Fresko in der Oberhofenkirche in Göppingen ist das einzige Bild, das man von ihr hat.

Nach diesem Bild wurde das Modell im Dokumentationszentrum gebaut. Die Burg auf dem Hohenstaufen wurde 1525 im Bauernkrieg fast vollständig zerstört. 1936 bis 1938 sowie 1967 bis 1971 hat man die Grundmauern wieder ausgegraben. Eine Stele erinnert an die überragende Bedeutung des Berges.

Der Name »Hohenstaufen« hat tatsächlich nach wie vor einen mythischen Klang. Nach der Gründung des Deutschen Reiches 1871 gab es mehrere Versuche, dem im Prinzip unscheinbaren Berg durch ein repräsentatives Denkmal eine höhere Bedeutung zu verleihen. Dazu kam es zwar nicht, der Mythos des Namens »Hohenstaufen« blieb aber bestehen. In der Zeit des Nationalsozialismus wurde einer SS-Panzerdivision der Ehrennamen »Hohenstaufen« verliehen. Auch in neuerer Zeit kam so mancher auf die Idee, aus dem »Nationalheiligtum« mehr zu machen, als die Überreste der Grundmauern zu konservieren. Vor wenigen Jahren gab es Überlegungen, oben einen Aussichtsturm zu bauen. Es stand sogar schon ein provisorischer Turm auf dem Berg. Der wurde aber wieder abgebaut. Die etwa 1000 Einwohner des Ortes Hohenstaufen wollten nämlich offenbar nur ihre Ruhe und keinen Turm auf ihrem Berg. Mit fehlenden Parkplätzen wurde argumentiert, und die Frage stand im Raum: Wer braucht tatsächlich solch einen Turm? 2010 erst wurde sogar der Vorschlag propagiert, die alte Burg wieder komplett aufzubauen. Dagegen spricht aber u. a., dass niemand weiß, wie die Burg wirklich im

Die Burg Hohenstaufen gibt es nur noch im Modell zu sehen …

... echt erleben kann man aber das Gewicht eines Kettenhemds, der »Spezialunterwäsche« für Ritter.

Detail ausgesehen hat. Ein Neubau würde – abgesehen von den Kosten, die wohl niemand tragen wollte und könnte – in einem Fantasiegebilde enden.

Für Kinder

Der heutige Berg Hohenstaufen mit seinen Mauerresten wird von kleineren Kindern nicht anders wahrgenommen werden als jeder andere Berg. Insofern ist ein Besuch der Ruine nicht mit einer Burgbesichtigung zu vergleichen. Für Kinder ab etwa zwölf Jahren jedoch kann das Dokumentationszentrum über die Staufer am Fuß des Berges recht interessant sein. Dazu gehört auch das Modell der ehemaligen Burg.

An- bzw. ausprobieren dürfen Kinder und Jugendliche ein Kettenhemd, einen Helm und einen Schild aus der Zeit der Staufer. (Ganz original aus jener Zeit sind die Teile nicht, aber immerhin im originalen »Strickmuster« hergestellt.) Allein schon das Anziehen des Kettenhemdes ist für Jugendliche ein Erlebnis wert – nämlich wenn sie spüren, mit wie viel Gewicht am Leib ein Ritter damals in die Schlacht zog. Die kleine, aber didaktisch gut aufbereitete Ausstellung hat die Themen »Staufer«, »Ritter«, »Stadt und Land« und »Kreuzzüge«. Kurze Filme zeigen Kindern und Erwachsenen die Ausrüstung und die Kampftechniken der mittelalterlichen Ritter.

Dort, wo sich einst das mittelalterliche Mauerwerk befand, erinnert eine Betonstele an die Zeit der Staufer.

- **Öffnungszeiten:** *Die Burgruine ist zu jeder Tageszeit frei zugänglich. Das Dokumentationszentrum ist vom 15. März bis 15. November Dienstag bis Sonntag 10–12 Uhr sowie 13–17 Uhr geöffnet, vom 16. November bis 14. März nur samstags und sonntags 10–12 Uhr sowie 13–17 Uhr.*

- **Kontakt:** *Telefon (0 71 61) 6 50-19 1 oder (0 71 65) 87 36, E-Mail: museen@goeppingen.de, ipunkt@goeppingen.de*

- **Eintrittspreise:** *Der Eintritt für das Dokumentationszentrum und für die Burgruine ist frei.*

- **Position:** *48°44´35´´N, 9°42´59´´E.*

- **Lage:** *Oberhalb des Ortes Hohenstaufen bei Göppingen. Mit Kinderwagen ist der Aufstieg schwierig.*

- **Badeseen:** *See bei Plüderhausen, 48°47´06´´N, 9°36´59´´E. See bei Waldhausen, 48°47´13´´N, 9°37´55´´E.*

Burg Hohenzollern

Niemals belagert – bestens in Schuss

Eine »anschaulichere« Burg gibt es wohl nirgends. Der Hohenzollern ist weithin zu sehen und perfekt erhalten. Kein Wunder, die Burg wurde von Anfang an nur zur Repräsentation erbaut. Ihr Besuch ist mit dem Fußmarsch hinauf praktisch ein Tagesprogramm.

Kaum eine Burganlage Europas ist derart vollständig erhalten wie die Burg Hohenzollern. Die heutige Burg wurde nie militärisch angegriffen (für eine reale Kriegsführung war diese Anlage allerdings auch nie gebaut worden) und präsentiert sich deshalb heute in vollem Glanz. Die Burg ist ein Gesamtkunstwerk in Stein. Weithin sichtbar auf dem freistehenden Zollerberg am Rande der Schwäbischen Alb zeugt die neugotische Anlage vom Machtanspruch des preußischen Herrscherhauses. Die Burg Hohenzollern – die heutige ist die dritte Burg an dieser Stelle – gilt als Stammsitz des deutschen Kaiserhauses. Das Erdbeben im Jahr 1978 richtete erhebliche Schäden an. Diese sind aber inzwischen beseitigt.

Geschichte

Die Burg Hohenzollern ist wie eine alte Burg konstruiert – obwohl die Festung gar nicht so alt ist. Im Mittelalter musste eine Burg durch ihre hohe Lage und durch einen engen Zugang vor feindlichen Angriffen geschützt werden. Bereits zur Bauzeit – vollendet wurde die heutige Burg im Jahr 1867 – war aufgrund der Fortentwicklung der Artillerie ein Schutz durch Tore und Türme militärisch sinnlos geworden. Zur Verteidigung gegen Angriffe war

In Purpur gekleidet fühlt man sich auf Burg Hohenzollern wahrhaft edel – auch wenn man zum Tragen von Filzpantoffeln verdonnert wird.

die heutige Burg auf dem Zollerberg auch nie gebaut worden. Die preußischen Herrscher wollten mit dem Nachbau einer mittelalterlichen Burg ihr Traditionsbewusstsein und ihren Machtanspruch demonstrieren – was ihnen zweifellos gelungen ist.

Württembergisch wurde der Zollerberg tatsächlich erst in jüngerer Zeit. 1850 fielen die beiden ehemals selbständigen Fürstentümer Hohenzollern-Hechingen und Hohenzollern-Sigmaringen an Preußen. Bis zum Ende des Zweiten Weltkrieges blieb dieses Territorium inmitten des Königreiches und späteren Landes Württemberg preußisch. 1946 vereinigte die französische Militärregierung den preußischen Besitz mit Württemberg zum Land Württemberg-Hohenzollern. 1952 entstand aus Baden, den ehemaligen preußischen Besitzungen und Württemberg das Bundesland Baden-Württemberg. Die Burg allerdings steht nach wie vor im Besitz des Hauses Hohenzollern und damit in Privatbesitz.

Kaiserlicher Wohnsitz allerdings war die Burg nie im eigentlichen Sinne. Nach dem Zweiten Weltkrieg wohnte Kronprinz Wilhelm, Sohn des letzten deutschen Kaisers Wilhelm II. (nicht zu verwechseln mit dem letzten württembergischen König Wilhelm II., siehe das Kapitel über Kloster und Schloss Bebenhausen), für einige Monate auf der Burg. Bereits im Herbst 1945 zog er allerdings in ein normales Haus in Hechingen nahe der Burg um. Der Grund dafür war wohl einfach, dass es auf der Burg Hohenzollern (an-

Einige der »Herren in Blech« finden sich auch auf Burg Hohenzollern, obwohl die lange nach der Zeit der Ritter erbaut wurde.

ders als im Hohenzollern-Schloss in Sigmaringen) keine effektive Heizung gab.

Kronprinz Wilhelm wurde 1951 in der Michaels-Bastei der Burg Hohenzollern beigesetzt. Nur zwischengelagert wiederum war der Sarg des Preußenkönigs Friedrich des Großen († 1786) sowie der seines – von ihm wenig geliebten – Vaters, König Friedrich Wilhelm I. (der »Soldatenkönig«). Die beiden Steinsärge standen von 1952 bis 1991 in der Burgkapelle. Der damalige Chef des Hauses Preußen, Louis Ferdinand, wollte offenbar verhindern, dass die toten Preußenkönige in den Besitz des sozialistischen Teils Deutschlands fielen. Nach dem Ende der DDR wurden die Särge nach Sanssouci bei Potsdam überführt.

Als einziger vor sozialistischem Zugriff sicherer, da im westlichen Teil Deutschlands gelegener, Repräsentationsbau des Hauses Preußen wurde die Burg nach dem Zweiten Weltkrieg praktisch zu einem Museum dieses Herrscherhauses ausgebaut. Zu den herausragenden Exponaten gehören die Uniform Friedrichs des Großen sowie die preußische Kaiserkrone. Bei jeder Führung wird auf das Einschussloch in dieser Uniform verwiesen und gesagt, dass die feindliche Kugel in der Schlacht bei Kunersdorf im Jahr 1759 nur dank der Tabaksdose in seiner Uniform nicht die Brust des Königs durchschlagen habe. Bevor ein Jugendlicher scharfsinnig schlussfolgert, dass somit Rauchen offensichtlich auch die Gesundheit erhalten kann, muss man klarstellen, dass dies eine Schnupftabakdose war. Relativ klein ist die historische Waffensammlung. Im Hohenzollernschloss in Sigmaringen kann man mehr davon bewundern.

Für Kinder

In der vollständig erhaltenen Burganlage mit Türmen und Zinnen können sich Kinder sehr gut das Leben von Rittern, Prinzen und Prinzessinnen vorstellen. Für Kinder tut es nichts zur Sache, dass bereits bei Baubeginn der heutigen Burg vor etwa 160 Jahren die Zeit von Rittern in Rüstungen und mit Schwertern längst vorbei war. Allein der Aufgang durch den Rampenturm mit Tunnels und Brücken ist ein Erlebnis. Immerhin wurde dieser Weg dafür gebaut, damit ein Reiter standesgemäß ohne vom Pferd absteigen zu müssen bis in den Burghof gelangen konnte. Die im Burghof aufgestellte Kanone mit darauf sitzenden Kindern ist wohl eines der häufigsten Fotomotive bei Familienausflügen.

In der Burg werden mehrere spezielle Programmpunkte für Kinder angeboten. Wer als Miniaturedelmann wissen will, was alles zur Ausbildung eines Ritters gehört und wie man Angreifer z. B. mit heißem Pech abwehrt, ist bei »Kleiner Ritter – mit Schwert und Zunder« richtig. Eine abenteuerliche Schatzsuche gibt es unter dem Titel »Der Schatz des Caspar Wieselflink«. Bei der Führung unter dem Thema »Kronenglanz und Purzelbaum« erfahren Kinder, wie der Alltag einer Prinzessin und eines Stallburschen aussah.

Wohnkomfort auf der Burg

Das Leben auf einer mittelalterlichen Burg sollte man sich keineswegs als sonderlich romantisch vorstellen. Glasfenster wurden erst etwa ab dem 14. Jh. üblich. Bis dahin verschloss man die Fenster mit Holzläden oder Tierhäuten. Auch das später verwendete Fensterglas bzw. die ersten Fensterrahmen hielten keineswegs die Kälte von draußen ab. Dazu kam, dass Burgen meistens exponiert auf einem Berggipfel oder einer anderen markanten Geländeformation gebaut wurden und deshalb dem Wind häufig viel Angriffsfläche boten.
Fenster waren lange Zeit immer die Schwachstellen eines Gebäudes. Erst in der Gotik wurden einzelne Elemente der Wand besonders verstärkt. Bis dahin mussten die Fenster relativ klein sein, um die Stabilität der Wand zu erhalten. Beim mittelalterlichen Burgenbau kam hinzu, dass auch bei einem Angriff die Fenster der empfindlichste Teil des Bauwerkes waren. Beleuchtet wurden die Räume mit Talglichtern oder Kerzen. In Festsälen gab es meist Kronleuchter für Kerzen, die vom Stockwerk darüber abgesenkt und wieder hochgezogen werden konnten, um die (teuren!) Kerzen

anzuzünden oder zu ersetzen. Insgesamt musste der Mensch seinen Arbeitstag nach dem Sonnenlicht einteilen.
Die erste Heizungsart in mittelalterlichen Burgen waren offene Kamine. Diese waren meist in die Wand eingelassene, gemauerte Nischen mit einem Rauchabzug nach oben. Als Wärmequelle diente nur das offene Feuer. Eigentlich waren diese Kamine eher eine Feuerstelle als eine Raumheizung. Gravierender Nachteil jedes offenen Kaminfeuers ist es, dass ein großer Teil der Wärme nach oben durch den Kaminzug abgeht und somit der Wirkungsgrad für die Heizung im Raum bescheiden ist. Die Wärmestrahlung eines offenen Feuers reichte nicht, um einen Raum gleichmäßig zu erwärmen. Dazu kam, dass der Rauchabzug häufig nicht optimal funktionierte, d. h. dass ein gewisser Teil des Rauches sich im Raum ausbreitete. Dennoch war diese Art der Heizung bis zum Hochmittelalter üblich. Die Römer hatten lange zuvor schon Fußbodenheizungen entwickelt. Dieses Wissen war aber verloren gegangen.
Ab dem 14./15. Jh. wurde die Kachelofenheizung üblich. Bei dieser Art der Heizung ist das Feuer in einem festen Behältnis – eben dem Kachelofen – verschlossen. Der Rauch zieht oben an der Brennkammer zur Seite hin ab, so dass der Ofen auch nach oben Wärme abstrahlt und diese weniger »durch den Kamin« bläst. Auf diese Weise konnte man

Geschichte auf Augenhöhe im Grafensaal der Burg Hohenzollern.

auch mehrere Kachelöfen in verschiedenen Stockwerken an einen gemeinsamen Kaminzug anschließen. Das Material des Kachelofens speicherte die Wärme und strahlte diese gleichmäßig in den Raum ab. Wenn der Kachelofen dann auch noch von der Rückseite – also von einem anderen Raum oder einem Versorgungsgang – mit Brennmaterial versorgt wurde, kam in den zu heizenden Raum auch weder Ruß noch Rauch. Häufig sieht man noch die kleinen Gänge, von denen aus die Diener die Öfen heizen konnten, ohne die hohen Herrschaften im Raum zu stören.
Der Bau solcher Kachelöfen samt ihrer Kamine war mit großem Auf-

wand verbunden. Jeder zu heizende Raum benötigt mindestens einen eigenen Kachelofen. Steinkohle stand damals als Brennstoff noch nicht zur Verfügung. Holz war das meistverbreitete Brennmaterial, war aber in größeren Mengen – ohne Motorsäge – mühsam zu beschaffen. Schon allein der Transport des Brennholzes hinauf auf die Burg war recht aufwändig. Aus diesen Gründen waren nur wenige Räume in einer Burg oder einem Schloss heizbar. Mit seiner Dampfheizung aus dem Jahr 1870 zog ins Schloss Sigmaringen regelrecht moderner Wohnkomfort ein.

Mit den sanitären Anlagen sah es nicht besser aus. Bis in die Neuzeit war als Toilette ein »Abtritt« üblich. Dies war ein Erker oberhalb des Burggrabens. Die Fäkalien fielen einfach im Freien hinunter in den Graben. Als Klopapier seien Lindenblätter sehr beliebt gewesen. Bei Führungen in der Burg Hohenzollern wird Kindern und Erwachsenen der »Nachtstuhl« der hohen Herrschaften gezeigt und erklärt. Obwohl die heutige Burg keineswegs aus dem Mittelalter stammt – vollendet wurde die Anlage im Jahr 1867 – war es damals noch nicht üblich, Sanitäranlagen einzubauen. Wenige Jahrzehnte später standen solche Anlagen immerhin für die »oberen Ränge« zur Verfügung. Im Schloss Sigmaringen und im Schloss Bebenhausen kann man ein für die damalige Zeit modernes Badezimmer bewundern. Eingebaut wurde das Badezimmer im Schloss

Weithin zu sehen thront die Burg über dem Land – früher über preußischem Territorium, seit 1952 über baden-württembergischem.

Sigmaringen beim Wiederaufbau nach dem großen Brand von 1893, das in Bebenhausen im Jahr 1915. In den Jahrhunderten zuvor kannte noch niemand den Luxus eines eigenen Bades.
Bis zum 19. Jh. war es auch keineswegs üblich, sich regelmäßig zu waschen. In höheren Gesellschaftsschichten pflegte man mit Parfüm gegen Körpergerüche vorzugehen. Läuse und Flöhe als »persönliche Haustiere« zu halten, war viele Jahrhunderte völlig normal. Deshalb trug man in der Kleidung eine »Flohfalle«. Das war ein kleines Behältnis mit Öffnungen. Dieses Behältnis konnte geöffnet werden, um einen mit Blut oder Harz getränkten kleinen Stoffrest hineinzupacken. Diese Duftstoffe lockten die Flöhe in das Behältnis. Heraus kamen sie nicht mehr. Viel änderte sich dadurch freilich nicht, denn es gab mehr als genug dieser kleinen Mitbewohner.

Praktische Infos

Für die Besichtigung der Burg sollte man genügend Zeit, d. h. mindestens einen halben Tag, einplanen. Bereits für den Fußmarsch vom Parkplatz aus zur Burg ist man mindestens eine halbe Stunde unterwegs. Die steile Straße hinauf zur Burg ist asphaltiert und somit auch kinderwagentauglich – aber (sofern man kein Burgherr ist und somit keine Bediensteten um sich hat) für den Kinderwagenschieber etwas anstrengend. Es steht ein (kostenpflichtiger) Pendelbus zur Verfügung.

- **Öffnungszeiten:** *16. März bis 31. Oktober täglich 9–17.30 Uhr, 1. November bis 15. März täglich 10–16.30 Uhr (jeweils mit einigen Ausnahmen).*

- **Kontakt:** *Burg Hohenzollern, 72379 Burg Hohenzollern, Telefon (0 74 71) 24 28, E-Mail: info@burg-hohenzollern.com, www.burg-hohenzollern.com*

- **Eintrittspreise:** *Burganlage ohne Innenräume: Erwachsene € 5,00, Kinder € 4,00. Burghof mit Führung durch die Schlossräume: Erwachsene € 10,00, ermäßigt € 8,00, Kinder € 5,00, Familienkarte € 25,00.*

- **Position:** *48°19´23´´N, 8°58´3´´E.*

- **Lage:** *Hoch droben auf dem Zollerberg und weitab jeder Stadt. Infos über den Fußweg zur Burg siehe oben.*

- **Badeseen:** *Hirschauer Baggersee, 48°29´49´´N, 9°0´17´´E. Kirchentellinsfurter Baggersee, 48°32´29´´N, 9°08´21´´E. See bei Empfingen, 48°23´01´´N, 8°42´48´´E. Schömberger Stausee, 48°12´40´´N, 8°46´06´´E.*

Burg Jagsthausen

So ein Theater!

Mehr Theater als Festung, so zeigt sich heute die Burg Jagsthausen. Da in diesem Freilichttheater auch Aufführungen für Kinder angeboten werden, ist diese »Theaterburg« auch für Familien recht interessant.

Der bekannteste Ausspruch des Götz von Berlichingen gehört nicht zu dem, was man aus Kindermund gerne hört. Immerhin aber hat kein Geringerer als Johann Wolfgang von Goethe selbst diese Worte aufgeschrieben. Im dritten Akt des Schauspiels »Götz von Berlichingen«, Szene 17, lässt Goethe den Helden sagen: »Sag deinem Hauptmann: Vor Ihro Kaiserlichen Majestät hab ich, wie immer, schuldigen Respekt. Er aber, sag's ihm, er kann mich im Arsch lecken.« Die Burg Jagsthausen ist angeblich die Festung des Götz von Berlichingen. Tatsächlich verbrachte der aber nur wenige Jahre seiner Kindheit dort. Besessen hat er die Burg auch später nicht, denn dieser Teil des Erbes ging an seinen älteren Bruder.

Seit 1950 aber ist die Burg die Spielstätte für die Burgfestspiele. Praktisch lebt die Burg seitdem im Glanz des »Ritters mit der eisernen Hand«. Goethes Schauspiel in fünf Aufzügen »Götz von Berlichingen« ist nach wie vor das wichtigste

Kindertheater auf Burg Jagsthausen: Der kleine Muck hat die Wachen überlistet!

Stück auf dem Spielplan der Freilichtspiele. Große Teile der Burg Jagsthausen stammen aus dem 15. und 16. Jh. In der Burg ist inzwischen ein Hotel eingerichtet, so dass sie – abgesehen von einem kleinen Museum – im Normalfall nicht zu besichtigen ist. Die Festspiele gehen direkt im Innenhof der Burg »über die Bühne«. Ansonsten wird die Burg bewohnt von Alexandra Freifrau von Berlichingen und ihrem Ehemann, dem ehemaligen Bundespräsidenten Roman Herzog.

Geschichte

Götz von Berlichingen wurde um 1480 in Jagsthausen geboren. Seine Familie hatte ihren Herkunftsnamen vom 4 km entfernten Dorf Berlichingen. Ihn als »edlen Ritter« zu bezeichnen, ist nach den historischen Fakten weniger angebracht. Götz von Berlichingen lebte mehr als unstet und taumelte von Raubzug zu Raubzug, wobei es ihm eher selten um eine »gerechte Sache« ging. Im Heer des Kaisers kämpfte er auch gegen die Türken, meistens aber vor allem im eigenen Interesse. Götz betätigte sich auch als Raubritter und erpresste Lösegeld. Mehrmals saß er deswegen im Gefängnis.

Im Bauernkrieg wurde er Anführer der Bauern. Die waren von ihm wohl allein deshalb angetan, weil er das Kriegshandwerk verstand. Dass er sich ansonsten für die Rechte der Bauern eingesetzt hätte, ist frei erfunden. 1504 verlor er im Kampf durch eine Kanonenkugel seine rechte Hand. Die im Burgmuseum ausgestellte Prothese ist wohl tatsächlich das Originalstück, das ein Schmied aus der Umgebung einst für Götz fertigte. Diese Metallhand ist beweglich – freilich nur so, dass die Finger mittels Zahnrädern gekrümmt werden konnten, wenn mit der anderen Hand der Mechanismus dafür betätigt wurde. Tatsächlich konnte Götz aber auf diese Weise mit seiner »eisernen Hand« wieder ein Schwert führen.

Verwunderlich ist, dass Götz trotz seiner ständigen Fehden 82 Jahre alt wurde – ein für diese Zeit extrem hohes Alter! Begraben wurde er im Zisterzienserkloster Schöntal, nur 4 km von Jagsthausen entfernt. Im Gefängnis in der Burg Hornberg hatte Götz seine Lebenserinnerungen aufgeschrieben. Mehr als 200 Jahre später – im Jahr 1773 – veröffentlichte Goethe sein Schauspiel »Götz von Berlichingen« und setzte dem Raubritter damit ein literarisches Denkmal, das sich gegen alle historische Realität durchsetzte.

Früher wurde hier Geschichte geschrieben, jetzt werden Geschichten aufgeführt.

Für Kinder

Diese Burg ist ein Theater. Genauer gesagt hat man von der Burg Jagsthausen nur recht wenig, wenn man sich nicht dort eines der Theaterstücke anschaut. Diese wiederum sind durchaus auch für Kinder geeignet. Regelmäßig werden in Jagsthausen kindgerechte Stücke aufgeführt wie »Der kleine Muck« oder »Jim Knopf und Lukas, der Lokomotivführer«. Das allerbekannteste Stück von Jagsthausen, »Götz von Berlichingen«, ist hingegen erst für Jugendliche ab zwölf Jahren sinnvoll. Für Jugendliche ab 14 Jahren sind auch einige der modernen Aufführungen geeignet, etwa »Die Blues-Brothers«.

In einem der Ecktürme der Burg ist ein kleines Museum eingerichtet, ansonsten werden die Räume der Burg als Hotel bzw. Restaurant genutzt. Im Burgmuseum sind auch Waffen aus der Zeit des Götz von Berlichingen ausgestellt. Eindrucksvollstes Exponat ist seine »eiserne Hand«.

»Götz von Berlichingen« – ohne dieses Stück geht es in Jagsthausen natürlich nicht.

- **Öffnungszeiten:** *In der Burg ist ein Hotel eingerichtet. Öffentlich zugänglich ist nur das Burgmuseum, und zwar von April bis Oktober von Freitag bis Sonntag 13.30–16 Uhr. Führungen sind nach Vereinbarung möglich.*

- **Kontakt:** *Burgfestspiele Jagsthausen gGmbH, Schlossstraße 12, 74249 Jagsthausen, Telefon (0 79 43) 91 23-45, E-Mail: burgfestspiele@jagsthausen.de, www.burgfestspiele-jagsthausen.de www.jagsthausen.de, Informationen zum Burgmuseum: www.jagsthausen.de/tourismus/sehenswuerdigkeiten*

- **Eintrittspreise:** *Burgmuseum: Erwachsene € 1,50, ermäßigt € 0,60.*

- **Position:** *49°18´44´ N, 9°28´9´´E.*

- **Lage:** *Inmitten des kleinen Ortes Jagsthausen.*

- **Badeseen:** *Badeplatz an der Jagst bei Jagsthausen, 49°18´26´´N, 9°27´57´´E. An der Jagst sind mehrere nette Badeplätze eingerichtet. Eine Liste findet man unter www.hohenlohekreis.de/Jagstverordnung_2011.pdf*

Schloss Karlsruhe

Einzigartig:
»Kinder führen Kinder«

Ein modern gestaltetes Museum in historischen Außenmauern, so erscheint heute das Karlsruher Schloss. An den Tagen mit speziellem Kinderprogramm ist dieses Schloss dennoch auch für Familien einen Besuch wert.

Außen originalgetreu, innen modern: Das Karlsruher Schloss wurde nach der Zerstörung im Zweiten Weltkrieg äußerlich betrachtet historisch korrekt wiederaufgebaut. Innen aber wurden moderne Ausstellungsflächen geschaffen, die kaum noch etwas mit den ursprünglichen Räumen im Schloss zu tun haben. Schon seit 1919 wurde das Karlsruher Schloss als Badisches Landesmuseum genutzt. Für den in den Jahren von 1955 bis 1966 errichteten Neubau stand dieser Zweck im Vordergrund. Da die Bestände des Museums weitgehend erhalten geblieben sind, konnte der Museumsbetrieb in den neugestalteten Räumen im Schloss weitergeführt und erweitert werden. Auch Abteilungen des Bundesverfassungsgerichtes sind im Karlsruher Schloss untergebracht.

Geschichte

Baubeginn für das Karlsruher Schloss war im Jahr 1715, wobei damals noch viel Größeres entstand, nämlich eine ganze Stadt. Mit dem Schloss wurde auch die »Fächerstadt« Karlsruhe gegründet. Der Name »Fächerstadt« kommt daher, dass die 32 Straßen der Innenstadt strahlenförmig vom Schloss ausgehen. Dem Plan nach sollte das Schloss wie eine Sonne inmitten der Stadt liegen, wobei die Sonnenstrahlen durch die Straßen der Stadt dargestellt werden. Die Zahl

Was die Bausubstanz angeht, ist das Karlsruher Schloss keineswegs historisch – das Innere ist aber eine Fundgrube für Hobbyhistoriker.

32 kommt von der Kompassrose – bis heute werden die geographischen Richtungen nicht nur durch die Gradzahlen, sondern auch durch 64 (also zweimal 32) »Striche« auf dem Kompass angezeigt.

Gründer des Schlosses und der Stadt Karlsruhe war Markgraf Karl III. Wilhelm von Baden-Durlach. Von 1709 bis 1738 regierte er als absolutistischer Herrscher. Wie sein Verwandter, Markgraf Ludwig Wilhelm von Baden-Baden (»Türkenlouis«), der Erbauer des Rastatter Schlosses, absolvierte auch Markgraf Karl III. Wilhelm von Baden-Durlach eine erfolgreiche Karriere als Heerführer. Ungewöhnlich für einen derartigen Mann: Markgraf Karl III. Wilhelm war auch ein großer Blumenfreund und ging diesem Interesse an seinem neuen Schloss in Karlsruhe überschwänglich nach. Vor allem Tulpen hatten es ihm wohl angetan. Im Garten des Karlsruher Schlosses seien knapp 5000 (andere Berichte sprechen von 7000) verschiedene Tulpenarten angepflanzt worden. 1738 starb der Markgraf – inmitten seiner Blumenfelder.

Für Kinder

Das Museum im Karlsruher Schloss hat mehrere Abteilungen zur Geschichte Badens: Ur- und Frühgeschichte, antike Kulturen, die Römer am Oberrhein, Hoch- und Spätmittelalter, Reformation, Absolutismus und Aufklärung sowie Schloss und Hof. Die meisten dieser Abteilungen sind jedenfalls für

Die Lokomotive »Greif« wurde im Jahr 1939 gebaut. Bereits auf dem Schrottplatz abgestellt, wurde sie wieder gerettet und dampft seit 1967 durch den Karlsruher Schlossgarten.

kleinere Kinder nicht interessant. Gezeigt werden aber auch die Waffenkammer der Markgrafen, die »Kunst- und Wunderkammer« sowie die »Türkenbeute«.

Das Badische Landesmuseum bietet darüber hinaus zahlreiche besondere Programmpunkte für Kinder an, etwa »Hm, wie das duftet! Tee, Schokolade und andere Genüsse«, »Was macht ein Einhorn im Museum?«, »Der neueste Schrei aus Paris«, »Festliche Kleidung am Hofe« und »Geschichte(n) aus dem Karlsruher Schloss«. Bei einigen dieser Führungen können Kinder sich verkleiden. Absolut einzigartig ist das Konzept »Kinder führen Kinder«. Wie bei fast allen besonderen Programmen ist es auch vor einem Besuch im Karlsruher Schloss unbedingt nötig, sich vorher zu informieren und zum richtigen Termin dort zu sein.

- **Öffnungszeiten:** *Von Dienstag bis Donnerstag 10–17 Uhr. Von Freitag bis Sonntag sowie an Feiertagen 10–18 Uhr.*

- **Kontakt:** *Badisches Landesmuseum Karlsruhe, Schlossbezirk 10, 76131 Karlsruhe, Telefon (07 21) 9 26-65 14, www.landesmuseum.de*

- **Eintrittspreise:** *Erwachsene € 3,00, ermäßigt € 2,00, Schüler kostenlos.*

- **Position:** *49°0´49´´N, 8°24´16´´E.*

- **Lage:** *Inmitten der Stadt Karlsruhe.*

- **Badesee:** *Epplesee bei Neuforchheim, 48°58´3´´N, 8°19´´48´´E.*

Kloster Kirchberg

Gut versteckt,
aber frei zugänglich

Kein Kinderprogramm und keine Führungen locken zum Besuch, aber eine frei zugängliche Klosteranlage, die das ehemalige Dominikanerinnenkloster Kirchberg bei Sulz zu einem lohnenswerten Ziel für einen Familienausflug macht. Zudem gibt es eine Klosterschenke mit schönem Außenbereich.

Einsamer geht's wohl kaum noch. Wer kurz nach der Autobahnausfahrt Empfingen von der A 81 kommend auf der B 463 etwa 800 m weit in Richtung Haigerloch fährt und dann nach rechts in eine äußerst schmale – aber völlig zulässige – Straße einbiegt, denkt, dass diese Straße am nahegelegenen Bauernhof enden müsste. Wenn er dann aber den Hof rechter Hand liegen lässt und durch den Wald den Berg hinauffährt, wundert er sich wohl, dass oben auf der Anhöhe ein großes Anwesen steht. (Im Winter ist von dieser Strecke allerdings dringend abzuraten. Dann fährt man lieber über Sulz-Renfrizhausen.) Wie ein kleines verstecktes Dorf taucht dann das Kloster auf der Hochfläche auf.

Zum ehemaligen Kloster gehören auch mehrere Wirtschaftsgebäude, welche den Hof vor dem eigentlichen Klausurbezirk bilden. Diesen erkennt der Besucher erst, wenn er durch den weiträumigen Wirtschaftshof hinunter zum dominierenden Konventsgebäude und rechts davon weiter zum früheren Kreuzgang geht. Vom ehemals abgeschlossenen Bereich der Nonnen ist heute allerdings nur noch die Hälfte vorhanden. Auch vom Kreuzgang sind nur noch Reste erhalten.

Die Klosterzeit ist Vergangenheit. Teile der Anlagen wurden sogar schon als Steinbruch verwendet, weil man dem ehemaligen Ordenshaus keine Chance für eine bessere Zukunft mehr gab. Tatsächlich wird seit 1956 das geistliche Leben im Kloster Kirchberg weitergeführt – von einer Bewegung innerhalb der evangelischen Kirche, welche in ihrem gottesdienstlichen Leben tatsächlich auf die alte Tradition der Klöster zurückgeht.

Geschichte

Kloster Kirchberg wurde im Jahr 1237 als Dominikanerinnenkloster gegründet. Klöster waren damals, abgesehen von ihrer geistlichen Funktion, auch eine Versorgungseinrichtung für »höhere Töchter«.

Oftmals wurde für den Bau eines Klosters wie hier bei Kloster Kirchberg ein abgeschiedener Standort gewählt.

War keine standesgemäße Verheiratung gelungen, so war das Klosterleben eine andere ehrbare »Laufbahn«. Diese mitunter wenig geistliche Motivation für den Eintritt ins geistliche Leben scheint sich im Kloster zeitweilig sehr deutlich ausgewirkt zu haben. Im 16. Jh. musste den Nonnen verordnet werden, regelmäßig Gottesdienste zu feiern und »in ehrbarerer und züchtiger Kleidung zu gehen«.

Das heutige Konventsgebäude, welches die Klosteranlage dominiert, stammt aus dem 18. Jh. Nach der Reformation konnten in Württemberg die Frauenklöster weiter bestehen. Mit der Säkularisierung 1806 allerdings wurde auch Kloster Kirchberg aufgelöst. Dies scheint aber gegen den Willen der letzten Nonnen vollzogen worden zu sein. Einige von ihnen blieben im Kloster wohnen. Erst 1855 verließ die letzte Nonne das ehemalige Kloster. Der Nonnenfriedhof mit schmiedeeisernen Grabkreuzen hinter dem Kreuzgang erinnert an die verstorbenen Nonnen. Die Anlage verfiel zunehmend. Kloster Kirchberg war zeitweilig eine Staatsdomäne mit Ackerbauschule.

Seit 1956 bis heute wird das ehemalige Kloster von der Evangelischen Michaelsbruderschaft und der ihr nahestehenden Gemeinschaft Sankt Michael als christliches Tagungshaus betrieben. Es ist kein Kloster mehr im eigentlichen Sinne, aber ein Ort geistlichen Lebens für Einzelgäste oder Tagungsgruppen. Die Evangelische Michaelsbruderschaft und die Berneuchener Gemeinschaften sind kirchliche Gruppen mit verbindlicher Zugehörigkeit. Bei ihren Zusammenkünften feiern die Brüder und Schwestern Chorgebete, wie sie in Klöstern üblich waren. Sie leben als Verheiratete oder als Ehelose jeweils an ihrem Ort, kommen aber zu regelmäßigen Treffen zusammen.

In der Klostertradition stehen ebenso die Chorgebete und Gottesdienste in Kirchberg, zu denen auch Gäste von außerhalb eingeladen sind. Das Morgenlob (Laudes) wird täglich um 7.45 Uhr, das Mittagsgebet (Sext) um 12 Uhr, der Abendsegen (Vesper) um 18 Uhr und die Komplet um 21 Uhr gefeiert. Der Gottesdienst am Sonntag in der Klosterkirche beginnt um 9 Uhr. Jedes Jahr am 1. Mai findet das Klosterfest statt. Dann ist es mit der Einsamkeit vorbei – mehrere tausend Menschen bevölkern die Klosteranlage. An diesem Tag wird auch für Kinder sehr viel geboten, eine Spielstraße, Bastelaktionen, Kutschfahrten, ein Streichelzoo und etliches mehr.

Für Kinder

Typische kindgerechte Elemente oder Programmpunkte bietet die Klosteranlage (abgesehen vom Klosterfest am 1. Mai) nicht. Es gibt auch keine Führungen für Kinder. Aber: Dieses Ensemble historischer Gebäude wirkt allein durch seine

Beim alljährlichen Klosterfest am 1. Mai wird auch für Kinder viel geboten.

einzigartige Lage beeindruckend. Weil die Wirtschaftsgebäude einen großen Teil der Anlage ausmachen, kann man Kindern gut erklären, dass auch die Nonnen ihrer täglichen Arbeit nachgingen und sich mehrmals am Tag in der Klosterkirche zum Chorgebet versammelten. Insbesondere in den Sommermonaten ist die Klosterschenke ein netter Ort für eine Pause, weil man dann in idyllischer Lage im Freien unter Bäumen essen und trinken kann. Das Auto muss außen vor bzw. links neben dem Einfahrtstor abgestellt werden. Dann geht man durch den Wirtschaftshof zum Konventsgebäude hinunter.

Klöster in Baden-Württemberg

»Bis sich die Klostertore für immer hinter ihr schlossen...« – derlei Sätze aus Groschenromanen entsprachen früher so wenig der Realität, wie dies für heute gilt. Richtig ist natürlich, dass Klöster mitunter auch die Funktion hatten, eine Familie zu entlasten. Wenn der übliche Weg in die Ehe nicht möglich war, so war in der mittelalterlichen Gesellschaftsordnung das Klosterleben eine naheliegende Alternative. Allerdings lebten Mönche und Nonnen keineswegs nur »beschaulich«, auch wenn es Ordensgemeinschaften gibt, die sich selbst als »kontemplativ« oder »beschaulich« bezeichnen. Da die Klöster immer den Anspruch hatten, sich selbst zu ernähren und sogar möglichst autark von ihrer Umgebung zu sein, mussten Nonnen und Mönche sehr fleißig und mitunter auch erfinderisch sein.

Wer in ein Kloster eintreten wollte (oder sollte), war zunächst ein »Postulant« (ein »Verlangender«), um sich das Leben im Kloster anzusehen. Blieb es dabei, dass der Postulant oder die Postulantin Mönch oder Nonne werden wollte, wurde er oder sie als »Novize« (»Neuling«) aufgenommen und legte zeitlich befristete Gelübde ab. Ab diesem Zeitpunkt trug er bereits die Tracht der Ordensleute, ebenso die übliche Haartracht. Maßgeblich für das Mönchstum in Europa wurde die Klosterregel des Benedikt von Nursia († 547). Nach dem Willen dieser Regel sollen alle Mönche nur dieses Ziel verfolgen: Gott zu suchen. Tatsächlich aber kam es auch vor, dass eine Familie mit mehreren Töchtern nur für eines der Mädchen die vorgeschriebene »Mitgift« für die Ehe finanzieren konnte. Für die

anderen Töchter war damit der Weg ins Kloster vorgezeichnet.
Benedikt stellte in dieser Regel durchaus maßvolle Forderungen an die Mönche und Nonnen und verlangte nirgendwo etwas Unmögliches. Er geht von einem durchaus realistischen Menschenbild aus und kalkuliert auch ein mögliches Fehlverhalten der Mönche oder sogar der leitenden Amtsträger im Kloster ein. Mit der endgültigen Aufnahme in ein Kloster verpflichteten sich die Nonnen und Mönche zeitlebens zur Ehelosigkeit, zum Verzicht auf eigenen Besitz und zum Gehorsam gegenüber dem Abt. Das Leben im Kloster bestand aus mehreren Gebetszeiten am Tag und teilweise sogar in der Nacht. Je nach Orden waren vier oder sieben Gebetszeiten üblich. Dazwischen gingen die Mönche oder Nonnen ihrer Arbeit nach. Mit »Ora et labora« – »Bete und arbeite« – wird die Mönchsregel zusammengefasst.
Der Arbeitsalltag im Kloster war tatsächlich ein ausgeglichenes System zwischen geistlichem Leben, landwirtschaftlicher oder handwerklicher Arbeit und Erholungszeiten. Es ist eine neuzeitliche Legende, dass Ordensleute quasi im Kloster »inhaftiert« waren. Um ihre Arbeit zu tun, waren die Nonnen oder Mönche sehr wohl außerhalb der Mauern tätig.
Richtig ist, dass der Kontakt zur Außenwelt häufig gering war. Vermutlich entsprach dies aber durchaus dem eigenen Willen derer, die ihren Lebensweg im Kloster gehen wollten. Weil die Klostergemeinschaften sich selbst ernähren mussten, waren die Klöster praktisch auch immer große Bauernhöfe. Die Aufteilung in einen größeren Wirtschaftshof und den eigentlichen Klausurbezirk (abgeschlossener Bezirk der Ordensleute) zeigt diese Zusammengehörigkeit von »Beten und Arbeiten«.
Die meisten Klöster konnte man auch als durchaus erfolgreiche Wirtschaftsunternehmen ansehen. Dazu kam, dass die Mönche oder Nonnen meist einen höheren Bildungsstand als die Normalbevölkerung hatten und somit ihr Wissen

Auf der Nonnenempore nahmen früher die Nonnen am Gottesdienst in der Klosterkirche teil.

»konservieren« (also aufschreiben) und weitergeben konnten. So gab es einen »Standardplan« für den Bau einer Klosteranlage – inklusive Vorschriften dafür, wie die Frisch- und Abwasserzufuhr geregelt sein muss. Novizinnen und Novizen wurden im Kloster im Lesen und Schreiben unterrichtet. Insofern war es naheliegend, später Klöster zu Klosterschulen umzufunktionieren – weil in ihnen immer schon Schulunterricht erteilt worden war.

Unter den Mönchen gab es Priestermönche und Laienbrüder. Häufig waren deren Plätze in der Kirche beim Chorgebet durch eine Schranke (Lettner) getrennt. Die Laienbrüder – auch Konversen genannt – waren mehr für die handwerklichen Arbeiten im Kloster und auf dessen Feldern zuständig, was aber nicht bedeutete, dass die Priestermönche untätig bleiben konnten. Es war nicht im Sinne der Klosterregel, dass Mönche mit adliger Herkunft einen höheren Stand im Kloster hatten als solche aus dem normalen Volk. Praktisch war dies dennoch vielerorts üblich.

Bei aller Betonung der Gastfreundschaft gegenüber jedermann war es normal, dass es unterschiedliche Räume für höher- oder niedrigergestellte Gäste gab. Besonders im Hochmittelalter, d. h. in der Epoche vor der Reformation, hat es wohl in vielen Klöstern deutliche Missstände gegeben. Die Mönche und Nonnen selbst waren zur Armut verpflichtet. Das Kloster insgesamt verfügte aber häufig über größeren Landbesitz. Diese Ländereien konnten die Mönche meist nicht allein bewirtschaften, sondern verpachteten sie an Bauern. Wie es den Bauern erging, die auf den Ländereien der Klöster lebten, wird unterschiedlich berichtet. »Unterm Krummstab ist gut leben« sei oft die Erfahrung der Bauern gewesen – gemeint ist damit der Hirtenstab der Bischöfe. Offensichtlich gingen einige geistliche Herren mit ihren Untertanen besser um als die weltlichen Herren.

Dennoch waren einige der Klöster als Landbesitzer in der Bevölkerung auch verhasst. Im Bauernkrieg 1525 wurden viele Klöster von den aufständischen Bauern zerstört, darunter auch das Kloster Lorch. Im Lied über den Bauernkrieg »Wir sind des Geyers schwarzer Haufen« (gemeint ist der Anführer der Bauern, Florian Geyer) heißt es unter anderem:

Wir sind des Geyers schwarzer
Haufen, heijaho, ho!
Wir woll'n mit Pfaff und Adel
raufen, heijaho, ho!
Spieß voran! Drauf und dran
setzt auf's Klosterdach den roten
Hahn!

Als Adam grub und Eva spann,
Kyrieleis.
Wo war denn da der Edelmann?
Kyrieleis.
Spieß voran! Drauf und dran
setzt auf's Klosterdach den roten
Hahn!

Wir wollen's Gott im Himmel
klagen, Kyrieleis,
Dass wir die Pfaffen nicht dürfen
totschlagen, Kyrieleis!
Spieß voran! Drauf und dran
setzt auf's Klosterdach den roten
Hahn!

Abgesehen von der Wut der Bauern erschütterte auch die Reformation das interne Leben der Klöster erheblich. Dies fing damit an, dass Martin Luther selbst zuvor Mönch gewesen war. Im Kloster stellte er fest, dass dies für ihn der falsche Weg sei. Bis dahin wollte er Gott zufrieden stellen durch ein möglichst gottgefälliges Leben. Vor allem wollte er die Regeln des Klosters noch gewissenhafter einhalten als alle anderen Mönche. Beim Lesen der Bibel erkannte Luther, dass er sich Gottes Liebe nicht verdienen muss. Luther trat aus dem Kloster aus und heiratete. Seine Frau Katharina von Bora war ebenfalls eine »entlaufene« Nonne.

Mit ihrem Lebensweg standen Luther und seine Frau keineswegs allein: Ambrosius Blarer, der später maßgeblich an der Neuordnung des Kirchenlebens nach der Einführung der Reformation in Württemberg beteiligt war, lebte zuvor ebenfalls als Mönch. Bis 1522 war er Mönch und bald Prior im Kloster Alpirsbach. Auch Blarers spätere Frau kam aus einem Kloster.

Bald nach der Einführung der Reformation wurden in Württemberg alle Männerklöster aufgelöst. Die Frauenklöster blieben bestehen bis zur Säkularisierung im Jahr 1803. Häufig sei es so gewesen, dass die Nonnen ihre Klöster gar nicht verlassen wollten, sondern mit Gewalt dazu gezwungen wurden. Von einer »Befreiung« konnte demnach keine Rede sein.

- **Öffnungszeiten:** *Die Klosterkirche ist von Montag bis Samstag 8.30–17.30 Uhr und an Sonn- und Feiertagen 10.30–17.30 geöffnet. Die Außenanlagen sind frei zugänglich. Die Innenräume können nicht besichtigt werden.*

- **Kontakt:** *Berneuchener Haus, Kloster Kirchberg, 72172 Sulz am Neckar, Telefon (0 74 54) 8 83-1 00, E-Mail: empfang@klosterkirchberg.de, www.klosterkirchberg.de*

- **Eintrittspreise:** *Eintrittsgelder werden nicht erhoben.*

- **Position:** *48°21´29´´ N, 8°43´58´´E.*

- **Lage:** *Kloster Kirchberg liegt noch einsamer in der »Wildnis«, als man sich normalerweise ein Kloster vorstellt.*

- **Badesee:** *Baggersee bei Empfingen, 48°23´1´´N, 8°42´48´´E. Unterhalb des Klosters liegen mehrere Fischteiche. Diese sind nicht zum Baden geeignet.*

Schloss Lichtenstein

Waffen, Rüstungen und ein Hintertürchen

Ein Märchenschloss in einsamer Gegend am Rande der Schwäbischen Alb – so erlebt der Besucher das Miniaturschloss Lichtenstein. Trotz ihrer geringen Größe bietet diese Anlage alles, was Eltern und Kinder sich unter einem Schloss vorstellen. Ein Besuch im Schloss Lichtenstein lässt sich gut mit einer Besichtigung der Bären- oder der Nebelhöhle verbinden.

Es gibt viele Schlösser, über die Romane geschrieben wurden. Einzigartig am Schloss Lichtenstein ist, dass es hier umgekehrt verlief. Nicht das Schloss regte den Romanautor an, sondern der Roman den Bauherren. Das heutige Schloss Lichtenstein entstand auf diese Weise: Zuerst war der Roman »Lichtenstein« von Wilhelm Hauff erschienen. Dieser Roman inspirierte Graf Wilhelm von Württemberg, hier wieder ein Schloss errichten zu lassen. Das repräsentative Gebäude im Miniaturformat ist quasi steingewordene Literatur.

Als Märchenschloss – schon allein durch seine eindrucksvolle Lage einsam am Albtrauf – präsentiert sich die im Stil des Historismus erbaute Anlage auch heute noch. Zugbrücke, Turm und Wehrmauer – alles, wie sich Kinder ein altes Schloss vorstellen, ist vorhanden, wenn auch keineswegs so alt, wie mancher denkt.

Schloss Lichtenstein – ein romantischeres Märchenschloss gibt es landauf, landab kein zweites Mal.

Vollendet wurden die Nebengebäude vor der Burg erst im Jahr 1901. Innen kann man einige Rüstungen und Waffen besichtigen. Berühmt ist das Gemälde »Schütze vom Lichtenstein« wegen einer optischen Täuschung: Egal, von welcher Richtung aus der Betrachter auf das Bild blickt – immer zielt der Armbrustschütze auf ihn. All das macht das Schloss zu einem sehr lohnenden Ausflugsziel für Familien. Praktisch ist Schloss Lichtenstein ein Neuschwanstein im Kleinen – allerdings ohne Touristenmassen.

Geschichte

Tatsächlich stand einst – allerdings mehrere Jahrhunderte früher – an dieser Stelle eine Burg. Diese wurde im Jahr 1377 von den Reutlingern zerstört und nicht wiederaufgebaut. Stattdessen wurde wenig entfernt davon an einer anderen Stelle eine neue Burg errichtet. Diese um 1390 vollendete Burg verfiel im 17. Jh. Im Jahre 1802 wurden die Reste davon abgetragen und an dieser Stelle ein Forstschlösschen gebaut. Burgen waren zu diesem Zeitpunkt längst militärisch wertlos geworden. 1837 kaufte Graf Wilhelm von Württemberg von seinem Vetter König Wilhelm von Württemberg das Forstschlösschen samt angrenzendem Besitz. Der 1826 erschienene Roman »Lichtenstein« hatte ihn auf die Idee gebracht, hier wieder eine Burg aufzubauen – auch wenn es für diese keinen praktischen Grund mehr gab.

Berühmtes Bild auf Schloss Lichtenstein: Der Armbrustschütze zielt immer auf den Betrachter.

Im Roman versteckt sich der württembergische Herzog Ulrich auf seiner Flucht vor dem Schwäbischen Bund in der nahen Nebelhöhle. Der Schwäbische Bund – ein Zusammenschluss von Städten und Adligen – hatte es Herzog Ulrich nämlich ziemlich übel genommen, dass er 1519 die Freie Reichsstadt Reutlingen belagern ließ. Der Herzog kam laut diesem Roman jede Nacht aus der Höhle an das Schloss und wurde auf sein Erkennungszeichen »Der Mann ist da« hin eingelassen.

Die neue Burg Lichtenstein wurde mehr als drei Jahrhunderte nach den Roman-Geschehnissen, in den Jahren 1840 bis 1842 nach Plänen des Architekten Heideloff im neugotischen Stil errichtet. Angelegt wurden auch Nebengebäude, ein Burghof und eine Ringmauer. Schloss Lichtenstein fällt in dieselbe Bauepoche wie die Burg Hohenzollern – und ist ebenso wie diese rein zu Repräsentationszwecken erbaut worden.

Am Ende des Zweiten Weltkrieges wurde das Schloss beschädigt. Von unten im Tal von der Honauer Steige schossen französische Soldaten zum Albtrauf hinauf, weil sie oben deutsche Soldaten vermuteten. Die französischen Soldaten drangen dann auch ins Schloss ein. Im ersten Stock des Schlosses hängt ein Spiegel, in welchen ein Soldat eine Kugel abgefeuert haben soll. Dieser Soldat – er sei wohl betrunken gewesen – habe sich von seinem eigenen Spiegelbild bedroht gefühlt und sofort geschossen. Nach einer anderen Aussage hat es sich bei der Kugel lediglich um einen Querschläger gehandelt.

Wegen der Beschädigungen durch den Beschuss aus dem Tal konnten bis zur großen Renovierung das zweite und dritte Obergeschoss von Besuchern nicht betreten werden. 1980 begannen die Restaurationsarbeiten an der Außenseite und an Turm und Dach. Seit 2006 sind im Rahmen von Sonderführungen auch das zweite und dritte Obergeschoss mit den Privatgemächern des Grafen zu besichtigen.

Das Schloss wurde als Märchenschloss erbaut und ist dies bis heute auch geblieben. Dies gilt auch für den Wohnkomfort im Schloss: Im Hauptgebäude, also im eigentlichen Schloss, gibt es bis heute weder Wasser noch Strom. Die Kachelöfen werden früher einmal die Räume gewärmt haben. Heute dürfen sie nicht mehr beheizt werden. Komfortables Wohnen war im Schloss noch nie möglich. Wilhelm Karl, der Sohn des Erbauers, residierte nur für kurze Zeit im Schloss. Dann aber zog er mit seiner Familie

Im Einsatz waren die mittelalterlichen Waffen und Rüstungen im Schloss Lichtenstein nicht. Die Anlage wurde mehrere Jahrhunderte nach der Ritterzeit erbaut.

in eines der Nebengebäude um. Standesgemäß für einen Adligen war das Schloss schon immer, praktisch zu nutzen hingegen noch nie. Aus diesen Gründen ist es bis jetzt auch nicht möglich, im Schloss Kindergeburtstage zu feiern. Es ist geplant, eines der Nebengebäude des Schlosses dafür einzurichten.

Für Kinder

Besondere Kinderführungen werden auf Schloss Lichtenstein nicht angeboten. Allerdings sind bei den Führungen schon allein wegen der bescheidenen Größe der Räume meist nicht sehr viele Besucher dabei. Wenn Familien mit Kindern an der Führung teilnehmen, wird deshalb gut auf die Kinder eingegangen. Im Schloss gibt es genügend anschauliche Dinge, so dass auch die »normalen« Führungen für Kinder sehr interessant gestaltet werden können. Sehr eindrucksvoll ist – neben den Waffen und Rüstungen – auch die »Fluchtpforte« nach draußen hinab ins Tal. Von einem solchen schon vorher geplanten Fluchtweg im Falle einer Belagerung kommt angeblich die Redensart: sich ein Hintertürchen offenlassen.

Herzog Ulrich

Herzog Ulrich gehört zu den bekanntesten Herrschergestalten in Württemberg. In Wilhelm Hauffs Roman »Lichtenstein« wird von ihm erzählt, dass er als Verfolgter Zuflucht auf Schloss Lichtenstein fand. Herzog Ulrich von Württemberg wurde 1487 im Elsass geboren. Seine Mutter starb wenige Tage danach an den Folgen der Geburt. Sein Vater war zu diesem Zeitpunkt geisteskrank und wurde auf der Burg Hohenurach inhaftiert. Deshalb wurde Ulrich am Hof des Cousins des Vaters, d. h. bei Herzog Eberhard II., erzogen. 1498 setzte der Kaiser Eberhard II. ab und den erst elfjährigen Ulrich an dessen Stelle als Herzog ein. Im selben Jahr wurde Ulrich auf Wunsch des Kaisers mit der sechsjährigen Sabina von Bayern verlobt. Die Hochzeit im Jahr 1511 wurde mit einem unvorstellbaren Aufwand gefeiert: 7000 Gäste feierten 14 Tage lang. Am Stuttgarter Schloss waren alle Bürger eingeladen. Dieses Event sowie die ebenso ausufernde Hofhaltung ruinierten die Staatsfinanzen. Ulrich musste neue Steuern erheben. Die »Ehrbarkeit« – die höheren Stände – sorgten dafür, dass diese Steuer durch Zuschläge auf den Preis von Fleisch und Früchten erhoben wurde. Dies führte zum Aufstand des »Armen Konrad«. Den Aufstand konnte Ulrich niederschlagen, aber sein Ansehen war auf dem Tiefpunkt.
Für Entrüstung sorgte der Mord am Ehemann seiner Geliebten. Mit Ursula Thumb von Neuburg hatte Ulrich schon lange ein Verhältnis und setzte dieses auch in der Ehe fort. Daran änderte sich auch nichts,

Praktisch waren diese Räumlichkeiten nie – bis heute ohne fließendes Wasser und ohne Strom –, dafür aber äußerst repräsentativ!

als Ursula ebenfalls heiratete. Ihr Ehemann Hans von Hutten war Stallmeister am Hof des Herzogs. Als der vom Herzog verlangte, die häufigen Besuche bei seiner Frau zu unterlassen, brachte Ulrich ihn um. Ulrichs rechtmäßige Ehefrau Sabina wiederum flüchtete vor ihm. Ulrich regierte weiter voller Machtbesessenheit und griff 1519 die Reichsstadt Reutlingen an. Der Schwäbische Bund, ein Zusammenschluss von Reichsstädten und Adligen, griff ein und vertrieb Ulrich. Nach mehreren erfolglosen Versuchen gelang es Ulrich mit Hilfe des hessischen Landgrafen Philipp, 1534 Württemberg zurückzuerobern. Wieder an der Macht, führte Ulrich die Reformation ein. Die Zeichen der Zeit erkennend ging es ihm wohl vor allem darum, unabhängiger vom katholisch gebliebenen Kaiser zu werden – und wohl vor allem auch darum, mit dem Kirchengut die Staatsfinanzen zu sanieren.

Alle Männerklöster in Württemberg wurden aufgelöst und deren Besitz eingezogen. Allerdings wurde das bisherige Kirchenvermögen getrennt vom bisherigen Staatsvermögen verwaltet. In vielen ehemaligen Klöstern entstanden Klosterschu-

len. Einige dieser Klosterschulen bestehen bis heute, so beispielsweise das evangelische Seminar in Maulbronn und das evangelische Stift in Tübingen. Auch das Kloster Lorch wurde unter der Regierung von Ulrichs Nachfolger Herzog Christoph aufgehoben. Die hier eingerichtete Schule existierte jedoch nur wenige Jahre. Im Schmalkaldischen Krieg 1546 besetzte Kaiser Karl V. auch Württemberg. 1548 wurde das »Interim« abgeschlossen, ein Kompromiss zwischen beiden Konfessionen bis zur – vergeblich erhofften – endgültigen Klärung durch ein allgemeines Konzil.
1550 starb Ulrich. Begraben wurde er in der Stiftskirche in Tübingen – wohl um trotz allem sein Verdienst um die Einführung der Reformation in Württemberg zu würdigen. Sein Sohn Christoph führte dann auf der Grundlage des Augsburger Religionsfriedens – »Wessen Land, dessen Religion« – die Reformation in Württemberg weiter.

■ **Öffnungszeiten:** *Von April bis Oktober ist Schloss Lichtenstein täglich 9–17.30 Uhr geöffnet. Im Februar, März und November ist das Schloss nur an Samstagen, Sonntagen und Feiertagen 10–16 Uhr geöffnet. Von Dezember bis Januar ist es geschlossen.*

■ **Kontakt:** *Schlossverwaltung Lichtenstein, 72805 Lichtenstein, Telefon (0 71 29) 41 02, E-Mail: verwaltung@schloss-lichtenstein.de, www.schloss-lichtenstein.de*

■ **Eintrittspreise:** *Einfache Führungen: Erwachsene € 6,00, ermäßigt € 5,00, Kinder € 3,00. Sonderführungen: Einstündige Führung € 15,00 pro Person; zweistündige Führung € 25,00 pro Person.*

■ **Position:** *48°24´24´´N, 9°15´29´´E.*

■ **Lage:** *Einsam im Wald.*

■ **Die beiden Höhlen nahe Schloss Lichtenstein:** *Die Nebelhöhle (www.hoehlenwelten.sonnenbuehl.de/nebelhoehle) gehört gewissermaßen zum Schloss, denn sie wird bereits im Roman von Wilhelm Hauff erwähnt. Ebenso eindrucksvoll ist die Bärenhöhle (www.hoehlenwelten.sonnenbuehl.de/baerenhoehle). Beides sind Tropfsteinhöhlen, die über mehrere hundert Meter begehbar sind. Die Temperatur in den Höhlen liegt ganzjährig zwischen acht und zehn Grad Celsius, deshalb auch im Sommer warme Kleidung mitnehmen.*

■ **Badeseen:** *Die Gönninger Seen sind aufgrund der Wasserqualität nicht zum Baden geeignet. Etwas weiter entfernt liegen der Kirchentellinsfurter Baggersee, 48°32´29´´N, 9°8´21´´E, und der Aileswasensee bei Neckartailfingen, 48°36´15´´N, 9°15´45´´E.*

Kloster Lorch

Von Senioren und Raubvögeln

Das Kloster Lorch ist heute großteils ein Altersheim. Es werden jedoch auch Kinderführungen in der romanischen Anlage angeboten. Direkt beim Kloster Lorch ist eine Falknerei, bei der man den Flugvorführungen der Raubvögel zuschauen kann.

Wer auf der B 29 von Schwäbisch Gmünd nach Waiblingen fährt, sieht das Kloster rechts oben am Berg thronen. Immerhin 230 m lang und 80 m breit ist dieses Plateau oben am Berg. Nach wie vor prägt der Marsiliusturm an der Westseite der Klosterkirche die Ansicht – der östliche Turm der romanischen Kirche ist hingegen schon vor langer Zeit eingestürzt. Der Marsiliusturm jedoch kann auch bestiegen werden, so dass man einen hervorragenden Überblick über die Klosteranlage bekommt. Genauso dominant ist die Ringmauer, die das Anwesen vor Feinden schützen sollte. Heute ist diese Mauer insofern sehr praktisch, dass es so nur einen Zugang zur Klosteranlage gibt – nämlich da, wo die Eintrittskarten verkauft werden.

Geschichte

Wann das Kloster gegründet wurde, ist nicht so genau bekannt. Man weiß allerdings, wann es verschenkt worden sein soll: Friedrich, Herzog der Schwaben und Franken, verschenkte das neu gegründete Kloster Lorch an den »Apostelfürsten Petrus«. Ob diese Schenkungsurkunde aus dem Jahr 1102 vielleicht doch nicht so alt ist, sondern später gefälscht und rückdatiert wurde, das ist nicht so exakt geklärt. Aber etwa um diese Zeit herum fing das

Klosterleben oberhalb von Lorch an. Schon am romanischen Baustil merkt man, dass das Kloster zur Epoche der Staufer gebaut wurde. Wenig später, nämlich von 1138 bis 1254, stellten die Staufer die deutschen Könige und Kaiser.

In die Schenkungsurkunde wurde auch der Passus aufgenommen, dass der Älteste des Geschlechtes der Staufer Schutzherr und Vogt dieses Klosters bleiben muss. Herrschaftssitz der Staufer war damals der benachbarte Hohenstaufen. Allein schon deshalb lag es nahe, dass auch dieses neue Kloster unter dem Einfluss der Staufer bleiben sollte. In der Lorcher Klosterkirche wurden mehrere Staufer bestattet, aber keiner der großen Kaiser und Könige.

Vor 1488 – genau weiß man das nicht – stürzte der nördliche Turm am Westwerk der Klosterkirche ein. In der romanischen Bauepoche hatte die Westseite einer Kirche, das Westwerk, eine wichtige symbolische Bedeutung. Im Westen ging die Sonne unter – das war die dunkle Seite. Die Mächte der Finsternis und des Bösen kamen daher aus dem Westen. Im Osten ging die Sonne auf und – man blickte in Richtung Jerusalem. Wenn man vom Haupteingang im Westen auf den Altar zuging, schritt man also in Richtung des Lichts und der Wirkungsstätten Jesu.

Im Zuge der Reformation wurden alle 14 Mönchsklöster in Württemberg aufgelöst, darunter auch Kloster Lorch. 1563 verließen die letzten Mönche das Kloster. Für kurze Zeit wurde das Kloster als evangelische Schule genutzt. In der Bekenntnisschrift »Die Schmalkaldischen Artikel« hatte Martin Luther im Jahr 1537 geschrieben: »Dass die Stift und Klöster, vorzeiten guter Meinung gestiftet, zu erziehen gelehrte Leute und züchtige Weibsbilder, sollen wiederum zu solchem Brauch geordnet werden, damit man Pfarrherren, Prediger und andere Kirchendiener haben möge, auch sonst nötige Personen zu weltlichem Regiment in Städten und Ländern, auch wohlgezogene Jungfrauen zu Hausmüttern und Haushälterinnen.« Eine andere Verwendung für Klöster sah Luther nicht mehr: »Wo sie (die ehemaligen Klöster) dazu nicht dienen wollen, ist's besser, man lass sie wüst liegen oder reiße sie ein ...«

Während des Dreißigjährigen Krieges wurde die Anlage nochmals für kurze Zeit von katholischen Mönchen bewohnt. Dies blieb aber ein Intermezzo. In den folgenden Jahrhunderten zerfiel ein Teil der Anlage. Wegen ihrer Bedeutung als Denkmal für die Stauferzeit wurde die Klosterkirche erhalten. 1932 lernten und arbeiteten in den Räumen des ehemaligen Klosters wieder Schüler: Die württembergische Landeskirche gründete darin eine evangelische Bauernschule. Ziel war es, jungen Bauern ihr Handwerk und gleichermaßen christliche Werte zu vermitteln.

Die Bauernschule wurde bereits 1934 zwangsweise von den Nationalsozialisten übernommen. Wieder sollten junge Bauern mehr lernen als nur ihren Beruf: Gemäß der »Blut-und-Boden-Ideologie« war der »Nährstand« wichtig als Träger der nationalsozialistischen Gesinnung. Kloster Lorch sollte außerdem auch zu einer nationalsozialistischen Gedenkstätte zur Erinnerung an die Tradition der Stauferkönige ausgebaut werden. Dazu kam es jedoch nicht mehr. Heute werden Teile der Anlage von der Evangelischen Heimstiftung als Altenheim genutzt.

In der Handschriftenabteilung der Württembergischen Landesbibliothek werden drei berühmte Chorbücher aus Lorch aufbewahrt: Zwei Antiphonare (Bücher mit liturgischen Wechselgesängen für die Stundengebete) und ein Graduale, ein Buch für die Gesänge in der Messe. Kopien davon sind in der Klosterkirche ausgestellt.

In Heftführung hätten die Mönche zweifellos eine glatte Eins bekommen!

Für Kinder

Im Kloster Lorch werden täglich zwischen 10 und 18 Uhr alle Führungen auch für Kindergruppen bzw. für Familien mit Kindern angeboten. Die Gästeführer gestalten diese Führungen dem Alter der Kinder entsprechend. Spezielle Führungen für Kinder ab vier Jahren gibt es von April bis Oktober jeweils am vierten Sonntag im Monat um 14 Uhr, zeitgleich mit einer Führung für Eltern und Großeltern. Bei einer Sonderführung »Wie lebten die Mönche im Mittelalter?« erhalten Kinder und Familien einen tieferen Einblick ins einstige Klosterleben; im Zuge dieses Abenteuerprogramms steigt man auch auf den Turm.

Die Tatsache, dass die Arbeit für die Mönche einen hohen Stellenwert haben musste, ergab sich schon dadurch, dass die Mönche sich von ihrer eigenen Arbeit ernähren mussten. Als Nahrungsquelle gab es direkt an der Klosterkirche auch ein eigenes Fischbecken. Neben der Klosterkirche wurde 2002 der Garten des Klosters wieder neu angelegt. Hier bauten die Mönche Kräuter an – für Lebensmittel, als Heilkräuter oder auch Kräuter mit intensivem Geruch, um Läuse, Wanzen und Motten fernzuhalten.

Groß und rund und bunt: Das Staufer-Rundbild ist wie ein riesiges Bilderbuch.

Besonders anschaulich ist in Lorch, dass die Mönche auf jeden Fall auch sehr praktisch veranlagt waren, dass sie Gärten anlegten, Fische züchteten und auch Vieh hielten.

Das Rundgemälde im Kloster Lorch

Im Kloster wird ein Staufer-Rundbild – mit 30 m Länge und 4,5 m Höhe – präsentiert. Der Lorcher Künstler Hans Kloss fertigte dieses Bild zur 900-Jahr-Feier des ehemaligen Klosters an. Vier Jahre lang malte er daran. Nur beim genauen Hinsehen merkt man, wie detailgetreu jede einzelne Szene dieses Bildes dargestellt ist. Das Rundbild erzählt in einzelnen Szenen den Aufstieg und den Fall des Staufergeschlechtes. So ist beispielsweise zu sehen, wie der Staufer Konrad III. nach der Eroberung der Burg Weinsberg im Jahr 1140 sein Wort hält: Er hatte den Frauen freien Abzug versprochen samt allem, was sie tragen konnten. Die tapferen Frauen trugen daraufhin auf ihrem Rücken ihre Männer aus der Burg hinaus. Bis heute trägt die Burgruine oberhalb der Stadt Weinsberg den Namen Weibertreu.

Kaiser Barbarossa

Auf vier der insgesamt zehn Szenen des Rundgemäldes im Kloster Lorch wird das Leben und der Tod des legendärsten der Stauferkönige,

Friedrich I. mit Beinamen »Barbarossa«, dargestellt. Friedrich war von 1147 bis 1152 Herzog von Schwaben, dann von 1152 bis 1190 deutscher König und ab 1155 Kaiser des Heiligen Römischen Reiches. Seinen Namen Barbarossa – Rotbart – bekam er wegen seines wallenden rötlichen Bartes. Vor seinem Aufbruch zum Kreuzzug im Jahr 1188 soll er Saladin von Ägypten zum ritterlichen Zweikampf aufgefordert haben. Dafür gibt es auch ein angeblich echtes Schreiben von Friedrich – das wie so viele Dokumente aus dieser Zeit aber vermutlich gefälscht ist.

Auf dem Weg ins »Heilige Land« ertrank Friedrich in einem Fluss. Über das Geschehen wird unterschiedlich berichtet. Es wird gesagt, er habe sich bei einem Bad im Fluss abkühlen wollen. Andere sprechen davon, dass er vom Pferd abgeworfen wurde und wegen seiner Rüstung im Wasser versank. Denkbar wäre auch, dass er beim Baden einen Herzinfarkt erlitt. Ebenso unklar ist, was mit seinem Leichnam geschah.

Der Überlieferung nach ist sein toter Körper nie gefunden worden, was Anlass zu der Spekulation gibt, dass er noch lebt. Abweichend davon wird auch berichtet, dass sein Herz und seine Eingeweide in Tarsos, das Fleisch ohne Knochen in Antiochia und sein Skelett wiederum in der Kathedrale in Tyros bestattet wurden. Wer den Reliquienhandel der folgenden Jahrhunderte kennt und weiß, wie stolz viele Lokalfürsten waren, wenn sie eine Reliquie einer bekannten Persönlichkeit besaßen, wird berechtigte Zweifel haben, ob dies alles so zutrifft.

In der Stauferfalknerei neben dem Kloster lassen sich bei Flugvorführungen zahlreiche Greifvögel bewundern.

Der Legende nach ist Barbarossa nie gestorben, sondern er wird wiederkommen zu seiner Zeit und das Reich erneuern. Er sitze in einem unterirdischen Schloss an einem güldenen Tisch und warte im Halbschlaf auf die Zeit, in der er wieder gebraucht werde. Der Sage nach befindet sich dieses unterirdische Schloss im Kyffhäuser im Harz. Alle hundert Jahre schickt er, so die Legende, einen Zwerg nach oben, um zu schauen, ob die Raben noch fliegen. Wenn dem nicht mehr so ist, dann sei seine Zeit wieder gekommen. Dann werde mit ihm des Reiches Herrlichkeit wiederauferstehen.

Der alte Barbarossa,
Der Kaiser Friederich,
Im unterird' schen Schlosse
Hält er verzaubert sich.

Er ist niemals gestorben,
Er lebt darin noch jetzt;
Er hat im Schloss verborgen
Zum Schlaf sich hingesetzt.

Er hat hinabgenommen
Des Reiches Herrlichkeit,
Und wird einst wiederkommen,
Mit ihr, zu seiner Zeit.

(...)

Er spricht im Schlaf zum Knaben:
Geh hin vors Schloss, o Zwerg,
Und sieh, ob noch die Raben
Herfliegen um den Berg.

Und wenn die alten Raben
Noch fliegen immerdar,
So muss auch ich noch schlafen
Verzaubert hundert Jahr.

■ **Öffnungszeiten:** *Von 1. März bis 31. Oktober Montag bis Sonntag 10–18 Uhr. Von 1. November bis Ende Februar Montag bis Sonntag 10–17 Uhr. Im April/Mai findet am Kloster das Bärlauchfest mit großem Kräutermarkt statt (www.baerlauchfest.de). Am dritten Wochenende im September wird in der Klosteranlage ein Staufermarkt aufgebaut. Dabei gibt es auch Vorführungen im Schwertkampf (www.staufermarkt.de).*

■ **Kontakt:** *Touristikbüro Kloster Lorch, Klosterstraße 2,*
73547 Lorch,
Telefon (0 71 72) 92 84 97,
E-Mail: info@kloster-lorch.com,
www. kloster-lorch.com

■ **Eintrittspreise:** *Erwachsene € 4,00, ermäßigt € 2,00, Familien € 10,00.*

■ **Position:** *48°47´56´´N, 9°42´11´´E.*

■ **Lage:** *Praktisch ist die Klosteranlage ein Teil der Stadt Lorch, aber doch »optisch getrennt«.*

■ **Die Falknerei neben dem Kloster:** *Direkt neben dem Kloster befindet sich die Stauferfalknerei. Flugvorführungen gibt es mittwochs und samstags um 15 Uhr, in den Ferien zusätzlich dienstags und donnerstags 15 Uhr. An Sonn- und Feiertagen finden die Flugvorführungen um 11 und um 15 Uhr statt, außerdem gibt es Sondertermine (www.stauferfalknerei.de).*

■ **Badeseen:** *Im Tal 5 km westlich des Klosters befinden sich der Plüderhauser See, 48°47´07´´N, 9°36´55´´E, und der Waldhauser See, 48°47´12´´N, 9°37´´49´´E.*

Residenzschloss Ludwigsburg

Von manchen auch Lumpenburg genannt

Die Stadt Ludwigsburg wurde passend zum Schloss gebaut, und das ist auch heute noch deutlich zu erkennen. Wie kein anderes Schloss prägt diese Anlage das Stadtbild. Da der Märchengarten für Kinder genauso interessant wie das Schloss selbst ist, sollte man Ludwigsburg bei schönem Wetter besichtigen. Für beides zusammen muss man einen gesamten Tag einrechnen.

Das Schloss ist mehr für seinen 30 ha großen Park als für seine Gebäude berühmt – obwohl das Residenzschloss Ludwigsburg eine der größten barocken Schlossanlagen in Deutschland ist. Der Märchengarten im Blühenden Barock ist vielen Eltern noch von ihrer eigenen Kindheit bekannt. Kaum einer weiß, dass der Märchengarten keineswegs so historisch ist: Die eher aus Marketinggründen erbaute Anlage wurde 1959 fertiggestellt. Mehr als 40 Märchenszenen – vom tapferen Schneiderlein über Schneewittchen bis zu Max und Moritz – sind im Sommer die absoluten Highlights für Kinder. Die Anlagen sind so weitläufig, dass vielen Eltern das Ludwigsburger Barockschloss nur als imposanter Hintergrund des Parks bekannt

Kostümiert, mit Perücke versehen und auch noch geschminkt – besser geht's kaum noch.

sein wird. Tatsächlich kann man sich bei einem Besuch mit Kindern entweder auf das Schloss oder auf die Parkanlagen beschränken. Wer beides zusammen besichtigen will, sollte auf jeden Fall einen ganzen Tag einplanen.

Geschichte

Ein kleines Jagd- und Lusthaus sollte es werden, das Ludwigsburger Schloss. Wer die Fürsten zur Zeit des Barocks realistisch einschätzt, ahnt, wie das ausgehen musste. 30 Jahre nach Baubeginn waren insgesamt 18 Gebäude mit 452 Räumen gebaut worden – das größte Barockschloss Süddeutschlands. Versailles in Frankreich ist das Vorbild für dieses schwäbische Monument herzoglichen Größenwahns.

Herzog Eberhard Ludwig hatte das Schloss 1704 in Auftrag gegeben. Nahezu einzigartig ist es, dass zum Schloss eine Stadt gleich mit dazu gebaut wurde. Die Stadt Ludwigsburg sollte ursprünglich die Wohnstätte für den Hofstaat des Schlosses werden. Anfangs war die Siedlung eine Wohnstätte für die Arbeiter, die das Schloss bauten. 1718 erhielt das neu angelegte Dorf die Stadtrechte. Ludwigsburg ist somit keine gewachsene, sondern war jedenfalls anfangs eine nach einem festen Plan konstruierte

Zwei Edeldamen in edlen Räumen: In Schloss Ludwigsburg kommen auch schon die Kleinsten auf ihre Kosten.

Stadt. Dementsprechend sind bis heute die Straßen in der Stadtmitte im Rechteckmuster angelegt.

Praktisch sollte die neu erbaute Stadt den Machtanspruch des absolutistischen Herrschers unterstreichen: Er kann auch Städte anlegen und Menschen ansiedeln, wie und wo er will. 1709, also noch lange, bevor die Residenz vollendet war, zog der Herzog selbst von Stuttgart nach Ludwigsburg um. Der Grund dafür soll auch gewesen sein, dass seine rechtmäßige Ehefrau Herzogin Johanna Elisabeth von Baden-Durlach im Stuttgarter Schloss wohnen blieb und er sich somit in Ludwigsburg mit seiner Mätresse Wilhelmine von Grävenitz vergnügen konnte. Dieses Anliegen sei auch in Württemberg bekannt gewesen. In frommen Kreisen habe man deshalb den Ort Ludwigsburg mehr als »Lumpenburg« bezeichnet.

Es sei tatsächlich der Wunsch der Wilhelmine von Grävenitz gewesen, das Ludwigsburger Schloss derart auszubauen. Bereits 1715 wurde die ursprüngliche Planung nochmals verändert und erweitert. Schloss Ludwigsburg sollte ursprünglich eine dreiflüglige Anlage werden. Durch den erst später geplanten vierten Flügel wurde der Komplex geschlossen und ein großer Innenhof erzeugt. Dennoch wirkt die Anlage keineswegs wie

Schloss Ludwigsburg ist von einem faszinierenden Park umgeben.

eine Festung, auch weil sie auf drei Seiten von einem riesigen Park umgeben ist. Wer vom Haupteingang des »Blühenden Barock« auf das Schloss zugeht, sieht zuerst nur die riesige Fassade des südlichen Flügels und erkennt noch nicht, dass dies nur eine Seite der gewaltigen Anlage ist. 1733 wurde die Gesamtanlage vollendet, allerdings war die Innenausstattung noch unvollständig. Die heutigen Räume im Schloss Ludwigsburg sind vom Barock, Rokoko und Klassizismus geprägt. Dies kommt daher, dass das Schloss später weiter umgestaltet wurde. Zum heutigen Schloss gehören die Barockgalerie, das Schlosstheater, das Keramikmuseum und das Modemuseum.

Für Kinder

Was heutige Eltern aus ihren eigenen Kindererinnerungen nicht wissen können: Seit 2008 gibt es im Ludwigsburger Schloss ein einzigartiges Kindermuseum. Im »Kinderreich« des Schlosses dreht sich alles um die Kleinen und sogar um sehr Kleine. Für Kinder ab vier Jahren stehen Angebote bereit. Hier können Kinder sehen und fühlen, wie es gewesen wäre, wenn sie selbst zu Zeiten des Schlosserbauers Eberhard Ludwig gelebt hätten. Standesgemäße Kleidung steht für die kleinen Schlossentdecker natürlich auch bereit, auch Schminken ist möglich. In einem Thron Platz zu nehmen gehört auch zum Programm im »Kinderreich«. Ludwigsburg ist eines der wenigen Schlösser, in denen historische Kostüme auch schon für Kinder ab vier Jahren vorhanden sind. Auch für sehr kleine Kinder steht also dem Prinzen- und Prinzessinnenfeeling nichts im Wege.

Diese Abteilung des Ludwigsburger Schlosses ist am Wochenende geöffnet, innerhalb der baden-württembergischen Schulferien auch mittwochs. Für Kindergeburtstage oder andere Veranstaltungen können weitere Termine vereinbart werden. Schulklassen können auch das Modemuseum, die Barockgalerie oder das Keramikmuseum besichtigen. Im »Kinderreich« werden für sie besondere Themenführungen angeboten.

■ **Öffnungszeiten:** *Das Schloss und die Museen sind von Montag bis Sonntag 10–17 Uhr geöffnet. Das »Kinderreich« ist samstags, sonntags und in den baden-württembergischen Schulferien auch mittwochs geöffnet. Führungen sind um 10, 12 und um 14 Uhr. Anmelden hierfür muss man sich unter Telefon (0 71 41) 18 20 04. Wegen der besonderen Öffnungszeiten und der unterschiedlichen Programmpunkte im »Kinderreich« ist es sehr zu empfehlen, vor einem Besuch mit Kindern telefonisch weitere Informationen einzuholen.*

■ **Kontakt:** *Schloss Ludwigsburg, Schlossstraße 30, 71634 Ludwigsburg, Telefon (0 71 41) 18 20 04, E-Mail: info@schloss-ludwigsburg.de, www.schloss-ludwigsburg.de*

■ **Eintrittspreise:** *Das Schloss kann nur im Rahmen einer Führung besichtigt werden. Residenzschloss mit Führung: Erwachsene € 6,50, ermäßigt € 3,30, Familien € 16,30. Kinderreich-Kombiticket (mit Residenzschloss oder Museen): Erwachsene € 6,50, ermäßigt € 3,30, Familien € 16,30. Für die Museen wird bei einer »normalen« Schlossbesichtigung ein weiterer Eintrittspreis erhoben. Nicht inbegriffen im Eintrittspreis fürs Schloss ist ein Gang durch das Blühende Barock. Das nahe gelegene Seeschloss Monrepos kann nur nach besonderer Vereinbarung besichtigt werden. Ein Programm für Kinder wird dort nicht angeboten. Gleiches gilt für das Schloss Favorite.*

■ **Position:** *48°54´0´´N, 9°11´45´´E.*

■ **Lage:** *Inmitten der Stadt Ludwigsburg.*

■ **Badesee:** *Keiner in der Nähe. Der Breitenauer See (49°6´58´´N, 9°23´0´´E) liegt 40 km weit entfernt.*

Blühendes Barock Ludwigsburg

Aschenputtel und Co. faszinieren Kinder

Grimms Märchen zum Anschauen, so könnte man die Gartenanlagen rund um das Ludwigsburger Schloss bezeichnen. Noch besser kann man Märchen kaum darstellen als mit den Figuren und Bauten im Ludwigsburger Märchengarten.

Das »Kinderreich« im Barockschloss Ludwigsburg ist mehr als beeindruckend, aber: Der Park um das Schloss herum ist bei schönem Wetter für Familien ein noch größeres Erlebnis. Dabei werden Eltern und Kinder nicht nur von den Blumen, sondern vor allem auch vom Märchengarten begeistert sein. Dort kann man nicht nur Märchen anschauen und hören, sondern auch mit einem Boot auf einem leicht strömenden Kanal eine Runde drehen. Optimal ist es, wenn die Kinder vor dem Besuch im Märchengarten schon einige der Märchen kennen. Es kann nützlich sein, Kindern vorher diese Märchen zu erzählen oder vorzulesen.

Geschichte

Angelegt wurde das Blühende Barock im Jahr 1954 zur 250-Jahr-Feier des Barockschlosses. Die Gärten rund um das Schloss lagen schon lange brach. Von der amerikanischen Armee wurden damals zwei Planierraupen zur Verfügung gestellt, um das verwilderte Gelände planieren zu können. Die ehemaligen Gärten des Barockschlosses erwachten buchstäblich aus ihrem Dornröschenschlaf – wobei die Märchenstationen erst später dazukamen.

Ursprünglich hätte das »Blühende Barock«, wie es schon damals genannt wurde, mit seiner neu

Gleich wird's nass – denn der Frosch spritzt!

gepflanzten Blumenpracht nur für sechs Monate geöffnet sein sollen. Aufgrund der großen Besucherzahl entschied man sich aber, daraus eine Dauerausstellung zu gestalten. 1959 kam der Märchengarten dazu. Seit 2004 präsentieren sich die Gärten rund um die einstige Königsresidenz wieder so, wie sie etwa um 1800 aussahen.

Für Kinder

Viele altbekannte Märchen sind im Märchengarten als »Station« zu sehen, z. B. »Hänsel und Gretel«, »Der Wolf und die sieben Geißlein«, »Aschenputtel«, »Knüppel aus dem Sack«, der »Goldesel« und »Frau Holle«. Für »Rapunzel« wurde gar ein eigener Turm gebaut. Schon der papierschluckende Drache, der nach dem Einwurf eines Abfallpapiers laut vernehmlich »Danke« sagt, ist für Kinder ein beeindruckendes Erlebnis.

Seit dem Bau des Märchengartens vor über 50 Jahren wurden die Stationen laufend erweitert. Heute werden im Garten des Schlosses den Kindern mehr als 40 Märchen nahegebracht. Im Blühenden Barock finden mehrere besondere Veranstaltungen statt wie das Musikfeuerwerk, ein Märchenfest und auch die weltgrößte Kürbisausstellung. Oldtimerbegeisterte Väter werden noch mehr von der »Retro Classic« im Blühenden Barock begeistert sein. Die ausgestellten Autos müssen mindestens 50 Jahre alt sein. Auf www.blueba.de findet man die zugehörigen Termine.

Die Grävenitz: Geliebt und gehasst

Namentlich ins Kirchengebet aufgenommen werden wollte sie, so wird über Christina Wilhelmine von Grävenitz (1684–1744) berichtet. Prälat Osiander ließ sich von ihr – anders als der württembergische Herzog Eberhard Ludwig (1676–1733) – nicht umgarnen. Es werde bereits in jedem Gottesdienst für sie gebetet, so soll der Prälat der Mätresse des Herzogs erwidert haben, »nämlich mit der siebten Bitte des Vaterunsers ›und erlöse uns von dem Übel‹«.

Sie ist »die Landverderberin« genannt worden, die Frau aus Mecklenburg, die massiven Einfluss auf die württembergische Politik ausübte. Diesen Ruf bekam sie nicht nur wegen ihrer Liaison mit dem verheirateten Herzog, der immerhin gleichzeitig auch das Oberhaupt der evangelischen Landeskirche war. Die (rechtmäßige) Herzogin Johanna Elisabeth von Baden-Durlach willigte nicht in eine Scheidung ein. Eberhard Ludwig heiratete deshalb 1707 zusätzlich seine Mätresse »zur linken Hand«, d. h. ohne dass sie oder die aus dieser Beziehung hervorgehenden Kinder erbberechtigt geworden wären. Diese heimliche – und illegitime – zweite Ehe wurde bald bekannt.

1710 gab der Herzog dem Druck nach und ließ »die Grävenitz« in die Schweiz verbannen. Doch bald reiste er ihr nach und holte sie an seinen Hof zurück, indem er sie zum Schein mit einem seiner Günstlinge verheiraten ließ. Dieser habe für die Scheinehe Geld bekommen, das er wegen seiner Spielschulden dringend gebraucht habe. »Die Grävenitz« mischte sich nach ihrer Rückkehr nach Württemberg massiv in die Landespolitik ein, gab hemmungslos Geld aus und hievte ihre Verwandten in hohe Ämter. Sie selbst wurde 1717 als ordentliches Mitglied in das Geheime Cabinett aufgenommen und hatte damit quasi ein Ministeramt inne. Immerhin 20 Jahre lang dauerte die Liebesbeziehung zum Schaden Württembergs.

Der Bericht »Die Höfe zu Württemberg« des Geschichtsschreibers Karl Eduard Vehse (1802–1870) enthält folgende Geschichte über die Mätresse: »Man mußte sehen, wie sie mit der größten Frechheit der Gemahlin des Herzogs spottete, den schwachen und kränklichen Erbprinzen mißhandelte, den Herzog durch Nebenliebschaften hinterging, alles gouvernierte und dirigierte. Alle Abende war Gesellschaft in ihrem Hause, wobei der Herzog und der Hof erschienen, es herrschte die strengste Etikette. Unter dem Vorwand von Unpäßlichkeiten empfing sie im Negligé, während alle Damen im höchsten Staate erscheinen mußten.«

Die Stadt Ludwigsburg wiederum hat der Christina Wilhelmine

von Grävenitz viel zu verdanken, nämlich das Barockschloss. Ursprünglich hätte dieses Anwesen nur ein Jagdschlösschen werden sollen. Als leidenschaftlicher Jäger brauchte der Herzog vor den Toren Stuttgarts eine standesgemäße Unterkunft für seine Jagdgesellschaften. Seine Mätresse habe aber auf einen viel luxuriöseren Ausbau dieses Jagdschlosses gedrungen.
1731 starb der einzige Sohn, den der Herzog mit seiner rechtmäßigen Gemahlin gezeugt hatte. Ohne erbberechtigten Nachkommen wäre dem evangelischen Herzog sein katholischer Cousin Karl Alexander im Amt nachgefolgt. Der Herzog wurde deshalb von vielen Seiten gedrängt, die Grävenitz zu verstoßen und mit Johanna Elisabeth zu einem weiteren legitimen Nachfolger zu kommen. Eberhard Ludwig gab nach. Die Grävenitz wurde abserviert; sie kam erst in Haft, wurde dann aber doch mit einer ordentlichen Leibrente begnadigt. Der Herzog ging wie gewünscht zur Herzogin zurück, nur ein Kind kam nicht. Wie befürchtet wurde deshalb 1733 der katholische Karl Alexander Herzog von Württemberg. Und er holte sogar die Residenz wieder nach Stuttgart zurück. Seine Hofhaltung dort war aber nicht weniger aufwändig als die seines Vorgängers in Ludwigsburg.

■ **Öffnungszeiten:** *Das Blühende Barock ist von März bis Anfang November geöffnet, wobei Anfang und Ende der Saison etwas variieren können. Der Park ist dabei 7.30–20.30 Uhr geöffnet, wobei an den drei Eingangstoren unterschiedliche Öffnungs- und Schließungszeiten gelten. Eine genaue Auflistung der Termine samt Lageplan der Tore gibt es auf www.blueba.de, der Märchengarten ist 9–18 Uhr geöffnet.*

■ **Kontakt:** *Blühendes Barock Gartenschau Ludwigsburg GmbH, Mömpelgardstraße 28, 71640 Ludwigsburg, Telefon (0 71 41) 9 75 65-0, E-Mail: info@blueba.de, www.blueba.de*

■ **Eintrittspreise:** *Blühendes Barock: Erwachsene € 8,00, Kinder von 4 bis 15 Jahre € 3,90, Familien bis zwei Kinder € 21,50, jedes weitere Kind € 2,80. Kombikarte für die Ludwigsburger Schlösser, Museen und das Blühende Barock: Erwachsene € 16,00, Kinder, Schüler und Studenten € 8,00. Für die Veranstaltung »Lichterzauber« mit Feuerwerk wird ein höheres Eintrittsgeld erhoben.*

■ **Position:** *48°53´46´´N, 9°11´46´´E.*

■ **Lage:** *Inmitten der Stadt Ludwigsburg.*

■ **Badesee:** *Keiner in der Nähe. Der Breitenauer See (49°6´58´´N, 9°23´0´´E) liegt 40 km weit entfernt.*

Barockschloss Mannheim

Historisches Tänzchen und Schatzsuche

Ein Großstadtschloss, so könnte man sagen, denn das riesengroße Barockschloss steht inmitten der Großstadt Mannheim. Anders als bei vielen »Freiluftanlagen« wie etwa der Burg Hohenzollern oder dem Schlossgarten von Schwetzingen spielt sich eine Besichtigung des Schlosses Mannheim fast ausschließlich innerhalb der Gebäude ab. Insofern kann dieses Schloss sehr gut als »Schlechtwetterprogramm« genutzt werden.

Nach Versailles ist das Mannheimer Schloss die zweitgrößte barocke Schlossanlage in Europa. 450 m lang ist seine Fassade. 6 ha Land wurden mit der Schlossanlage überbaut. Fünf Flügel mit meist drei Stockwerken umfasst der spätbarocke Gebäudekomplex. Das Schloss Mannheim liegt inmitten der Stadt, deren quadratische Straßeneinteilung auch den Bauplan des Schlosses prägte. Anders als in Ludwigsburg ist das Schloss Mannheim aber erst lange nach der Stadt entstanden. In Ludwigsburg wurde eine »Stadt für das Schloss« gebaut, in Mannheim

hingegen ein »Schloss passend für die Stadt«. Und zwar ein weltweit bedeutsames.

Das jetzige Mannheimer Schloss ist jedoch viel jünger, als man denkt. Im Zweiten Weltkrieg wurde es nahezu vollständig zerstört. Damals hielt es wohl jeder für unvorstellbar, dass die Anlage irgendwann einmal wiederhergestellt sein würde. Trotz gegenteiliger Pläne wurden die Ruinen nicht abgebrochen, ein wenig beschädigter Gebäudeteil wurde schon 1947 wieder instand gesetzt. Dies war der Anfang der lange andauernden Wiederherstellung des gesamten Schlosses. Erst 2007 war diese Arbeit vollendet und das Schloss wieder wie zur Zeit seiner Entstehung hergestellt.

Geschichte

Bis 1720 haben die Kurfürsten der Pfalz in Heidelberg residiert. Im Pfälzischen Erbfolgekrieg wurde das dortige Schloss in den Jahren 1689 und 1693 beschädigt. Man kann vermuten, dass dem Kurfürsten entsprechend dem Stil der Barockzeit auch ohne diese Zerstörungen ein größeres Anwesen angenehmer war. In Heidelbergs Nachbarstadt Mannheim ließ Kurfürst Karl Philipp ein entsprechendes zeitgemäßes Quartier bauen. Sein Nachfolger Kurfürst Karl Theodor vollendete die Anlage – mit ausländischen Künstlern, aber ohne Plagiate. Über 40 Jahre dauerte es, bis der Bau der weitläufigen Anlage abgeschlossen war.

Mannheimer Schloss: Die Stadt hat weit mehr zu bieten als Hafen und Industrieanlagen!

Der kurfürstliche Schneider ist anscheinend nach wie vor im Dienst und kleidet große und kleine Besucher in edlen Zwirn.

Kurz darauf hatte Karl Theodor aber schon das Interesse an seinem Barockschloss verloren. Wegen einer Erbschaft – er hatte nicht nur ein Schloss, sondern Kurbayern geerbt – siedelte er 1778 von Mannheim nach München über. Für die Schlösser in Mannheim und Schwetzingen wurde aufgrund des Desinteresses des Kurfürsten in den folgenden Jahren weniger Geld verwendet. Im 19. Jh. kam das Mannheimer Schloss wieder zu Ehren, weil es seit 1806 als Domizil von Stéphanie Louise Adrienne de Beauharnais, der Adoptivtochter von Napoleon, und deren Mann, Erbprinz Karl von Baden, diente. Ihr Mann starb bereits 1818 nach nur zwölfjähriger Ehe. Stéphanie überlebte ihn um 42 Jahre und blieb im Schloss Mannheim wohnen.

In der NS-Zeit wurden im Schloss Gerichtssäle der berüchtigten nationalsozialistischen Sondergerichte eingerichtet. Im Mannheimer Schloss verhängten diese mehr als 80 Todesurteile. Im April 1943 wurde das Mannheimer Schloss bei einem Luftangriff weitgehend zerstört. Das heutige neuerbaute Schloss entspricht äußerlich weitgehend dem ursprünglichen Bau. Was die Innenausstattung angeht,

■ **Ja, so aufgeräumt kann ein Wohnzimmer aussehen!**

konnten nur wenige Räume im Originalzustand wiederhergestellt werden. Rekonstruiert wurden u. a. das Treppenhaus, der Rittersaal und der Trabantensaal.

Für Kinder

Das Angebot für Kinder im Barockschloss Mannheim ist recht groß. So wird ein Schönheitswettbewerb angeboten – mit Quiz, Puzzle und einem Drachen. Wer sich darunter noch nichts Genaues vorstellen kann, dem bleibt wohl nichts anderes übrig, als sich dazu anzumelden. Tisch decken für Profis – und zwar auch standesgemäß für die Festtagstafel des Kurfürsten – lernt man bei der Kinderführung »Tischlein deck dich«. Auch dabei gibt es wieder ein Quiz – nämlich eines über Gewürze. Eingeladen wird ebenfalls zu einer Schatzsuche: »Der Orden des Drachens und der verbor-

gene Schatz«. Während der Renovierungsarbeiten im Barockschloss ist ein Stück einer Schatzkarte aufgetaucht. Wo mag im Schloss der Schatz versteckt sein? Und was hat die geheime Bruderschaft des Drachen damit zu tun? Ist sie im Besitz der Schatzkarte? Wer alle Rätsel löst, findet den Schatz des Kurfürsten.

Freundlich und galant geht es zu bei der Kinderführung »Reich mir die Hand, mein Leben, komm auf mein Schloss zu mir ...«. Dabei wird auch zu einem historischen Tanz eingeladen. Ein gepflegtes Auftreten lernt man bei der Kinderführung »Die Pflicht ruft – Kindheit und Jugend am kurpfälzischen Hofe«. Bei dieser Führung erfährt man, wie Prinzen und Prinzessinnen im Schloss lebten. Gebastelt wird auch noch: ein Fächer, ein Orden oder ein Drachen, der sogar fliegen kann. Gegen Weihnachten steht Backen auf der Tagesordnung: In der neuen Schlossküche können nach alten Rezepten Weihnachtsplätzchen gebacken werden. Zwischendurch wird die Silbertafel der Großherzöge von Baden vorgestellt und man erfährt Interessantes aus der Hofküche.

Diese speziellen Kinderführungen sind für bestimmte Altersgruppen – ab fünf, ab acht oder ab zehn Jahren – konzipiert.

■ **Öffnungszeiten:** *Dienstag bis Sonntag und an Feiertagen 10–17 Uhr. Führungen werden täglich 11 und 15 Uhr angeboten, samstags stündlich 11–15 Uhr, an Sonn- und Feiertagen stündlich 11–16 Uhr.*

■ **Kontakt:** *Barockschloss Mannheim, Bismarckstraße, 68161 Mannheim, E-Mail: service@schloss-mannheim.com, www.schloss-mannheim.de Telefonische Auskünfte gibt es für die Schlösser Heidelberg, Schwetzingen und Mannheim im gemeinsamen Service Center Schloss Heidelberg – Mannheim – Schwetzingen, Telefon (0 62 21) 6 58 88-0.*

■ **Eintrittspreise:** *Besichtigung mit Audioguide: Erwachsene € 6,00, ermäßigt € 3,00, Familien € 15,00. Schlossführung: Erwachsene € 8,00, ermäßigt € 4,00, Familien € 20,00. Themensonderführungen: Erwachsene € 10,00, ermäßigt € 5,00, Familien € 25,00. Kostümführungen mit Auftritt: Erwachsene € 12,00, ermäßigt € 6,00, Familien € 30,00.*

■ **Position:** *49°28´59´´N, 8°27´42´´E.*

■ **Lage:** *Inmitten der Stadt Mannheim.*

■ **Badeseen:** *Vogelstang-Seen, 49°30´07´´N, 8°32´35´´E. Stollenwörthweiher, 49°27´14´´N, 8°28´08´´E.*

Kloster Maulbronn

»Familienspaß« in Klostermauern

Auch heute noch wird das ehemalige Kloster Maulbronn als kirchliches Internat genutzt. Dennoch können große Teile der Klosteranlage besichtigt werden. Direkt am Kloster befindet sich ein öffentlicher Badesee.

Dieses Kloster ist beinahe eine Stadt. Der Wirtschafts- und Verwaltungshof nimmt mehr als die Hälfte der Klosteranlage ein. Bei kaum einem anderen Kloster sieht man die Verbindung von geistlichem und wirtschaftlichem Tun der Mönche so gut wie in Maulbronn. Kloster Maulbronn gilt als die am vollständigsten erhaltene mittelalterliche Klosteranlage in Europa. 1993 wurde es als Weltkulturdenkmal in die Liste des UNESCO-Weltkulturerbes aufgenommen. Die berühmtesten Teile der Anlage sind das »Paradies«, die gotische Vorhalle vor der Klosterkirche, und das Brunnenhaus am Kreuzgang des Klausurbezirks. Weithin bekannt sind auch die Klosterkonzerte in Maulbronn.

Geschichte

Die Zisterzienserabtei Kloster Maulbronn wurde im 12. Jh. gegründet. Die Bauten des inneren Klosterbezirks stammen aus der Zeit von der Romanik bis zur Spätgotik. Nach der Reformation wurde im ehemaligen Kloster eine

Die Schüler des Maulbronner Internats geben ein Ständchen vor der Klosterkirche.

evangelische Schule eingerichtet. Ziel dieser evangelischen Klosterschulen war es, begabten Jungen unabhängig vom Status und Besitz ihrer Eltern eine erstklassige Ausbildung zu ermöglichen. Das Berufsziel Pfarrer wurde dabei sehr gern gesehen, war aber keine Bedingung für die Aufnahme in die Klosterschulen. Bis heute ist das Bildungsniveau der »Seminaristen« ausgesprochen hoch. Hermann Hesses Roman »Unterm Rad« – beschrieben wird das Leben eines Seminaristen, der am Leistungsdruck in Maulbronn zerbricht und auf unerklärliche Weise stirbt – zeigt aber, dass nicht alle Seminaristen damit glücklich wurden.

Herzog Christoph von Württemberg gründete in seinem Territorium insgesamt 13 dieser Klosterschulen, alle in ehemaligen Männerklöstern. Diese Tradition der Klosterschulen wird in Maulbronn bis heute fortgesetzt. Das heutige evangelische Seminar Maulbronn ist ein alt- und neusprachliches Gymnasium der Klassenstufen 9 bis 12 mit Internat. Seit 1969 werden auch Mädchen aufgenommen. Klösterlich geht es zwischen den Schülerinnen und Schülern jedenfalls insofern weiterhin zu, dass die Jungen in den Zimmern über dem Kreuzgang und

Im Wirtschaftshof vor dem Klausurbereich des Klosters haben sich inzwischen auch neuzeitliche Gewerbetreibende niedergelassen.

die Mädchen in einem anderen Gebäude, im ehemaligen Jagdschloss, untergebracht sind.

Für Kinder

»Familienspaß im Kloster« lautet die »Marke«, unter der Familien mit Kindern ab fünf Jahren das Kloster kennen lernen können. Die Veranstaltungen beginnen jeweils mit einem Rundgang durchs Kloster, bei dem die Bauwerke kindgerecht erklärt werden. Über die Zisterzienser, über ihr Klosterleben und über ihre Landwirtschaft erfährt man dabei auch noch viel. Beim »Familienspaß im Kloster« gibt es anschließend eine »Mitmachaktion«: Beim Korbflechten, beim Nadelfilzen oder bei einem Kräutermemory kann man aktiv werden. Oder man kann zuhören, wenn Fledermaus Mauli erzählt.

Manchmal werden die Familienführungen auch sehr nahrhaft gestaltet: »Süße Leckereien« oder »Vom Korn zum Brot« heißen diese. »Schreiben wie die Maulbronner Mönche« können Kinder lernen, außerdem »mittelalterliches Buchbinden« oder »Pflanzen erkennen, ernten und verarbeiten« – in Maulbronn gibt es ein breites Angebot an interessanten Kinderführungen.

Sie gilt zu Recht als Unesco-Weltkulturerbe: die Klosterstadt Maulbronn.

Öffnungszeiten: *Von März bis Oktober täglich 9–17.30 Uhr, von November bis Februar dienstags bis sonntags 9.30–17 Uhr.*

Kontakt: *Kloster Maulbronn, Klosterhof 5, 75433 Maulbronn, Telefon (0 70 43) 92 66 10, E-Mail: info@kloster-maulbronn.de, www.kloster-maulbronn.de*

Eintrittspreise: *Erwachsene € 6,00, ermäßigt € 3,00, Familien € 15,00. Der äußere Klosterbezirk ist frei zugänglich.*

Position: *49°0´4´´N, 8°48´46´´E.*

Lage: *Inmitten der Stadt Maulbronn.*

Bademöglichkeit: *Vom Haupttor kommend links oberhalb des Klostergebäudes befindet sich das Naturfreibad »Tiefer See«. Der »Tiefe See« wurde bereits von den Mönchen angelegt und diente sowohl zur Wasserversorgung des Klosters als auch zur Fischzucht. Bei einem Angriff von außen konnte das Wasser sogar in die Gräben rund um den Klosterbezirk abgelassen werden. Ein See nahe des Klosters wird auch in Hermann Hesses Roman »Unterm Rad« erwähnt.*

Die Meersburg

Ritterrüstungen samt Blick über den See

Etwas oberhalb der Uferpromenade der Stadt Meersburg erhebt sich die Burg. Obwohl bislang ohne spezielles Kinderprogramm, ist die Burg im Rahmen eines Ausflugs an den Bodensee auch für Familien einen Besuch wert. Einige Ritterrüstungen und andere Ausstellungsstücke machen die Anlage auch für Kinder attraktiv.

Die Meersburg sei die älteste bewohnte Burg in Deutschland, so wird berichtet. Seit 1838 ist die Burg im Privatbesitz. Im Mittelalter waren die Burgherren aus militärischen Gründen gezwungen, sorgfältig die politische Entwicklung in der Umgebung ihres Anwesens wahrzunehmen, um nicht gänzlich davon überrascht zu werden, wer dann plötzlich mit dem Schwert in der Hand vor dem Tor steht. Diese Zeiten sind lange vorbei, jedenfalls in militärischer Hinsicht. Die Realität außerhalb der eigenen Mauern wahrzunehmen ist heute jedoch in anderer Hinsicht genauso wichtig: Heutzutage stehen Eltern vor dem Tor, die spezielle Angebote für ihre Kinder suchen. Und die gibt es in der Meersburg bis jetzt noch nicht. Eine Besichtigung der Burg ist aber dennoch für Familien recht interessant, zumal sich ein Besuch dort mit den vielfältigen Möglichkeiten am Bodensee verbinden lässt.

Geschichte

Die Meersburg wurde mehrfach belagert. Erstaunlich ist das nicht, aber: Im Jahr 1334 standen sich an der Meersburg zwei Kirchenmänner feindlich gegenüber. In derselben Zeitepoche, nämlich

»Die scheppern so beim Runterfallen«, sagte schon Obelix über die Rüstungen der Römer. Daran hat sich im Laufe der Jahrhunderte nichts geändert.

im Jahr 1327, spielt Umberto Ecos Roman »Der Name der Rose«. Offensichtlich ging man in dieser Zeit gerade auch in der Kirche nicht sonderlich zimperlich miteinander um. Nikolaus von Frauenfeld war – wie er meinte – im Jahr 1334 rechtmäßig zum Bischof von Konstanz gewählt worden. Auch der damalige Papst Johannes XXII. stand hinter ihm. Von Mitte Mai bis Ende August 1334 musste er sich allerdings in der Meersburg verschanzen, da Albrecht von Hohenberg sich ebenfalls zum Bischof von Konstanz berufen fühlte und gegen seinen Konkurrenten militärisch vorging.

Der Gegenkandidat wurde von seinem Vater Graf Robert von Hohenberg unterstützt, welcher wiederum enge Beziehungen zu Kaiser Ludwig dem Bayern hatte. Bei dieser Belagerung der Meersburg sind angeblich zum ersten Mal auf deutschem Boden Feuergeschütze eingesetzt worden. Zuvor verwendete man im Krieg gegen befestigte Stellungen nur Katapulte oder Rammböcke. Letztendlich konnte sich Nikolaus von Frauenfeld durchsetzen. Er wurde nicht nur vom Papst, sondern auch vom Kaiser anerkannt.

Die Meersburg ist eine der wenigen Burgen, die weder im Besitz des Staates noch im Besitz eines Adelsgeschlechtes sind. Mit der Säkularisation im Jahr 1803 ging die Burg zuerst an das Großherzogtum Baden. Dann wurde die Immobilie im Jahr 1838 an einen Privatmann verkauft. Joseph von Laßberg und seine Frau Anna von Droste-Hülshoff waren die neuen stolzen Besitzer. 1841 zog deren Schwester Annette von Droste-Hülshoff auch in die Burg ein – Platz gab es in diesem Eigenheim der besonderen Art zweifellos genug. Annette von Droste-Hülshoff gilt als eine der bedeutendsten deutschen Schriftstellerinnen. Ihr Roman »Die Judenbuche« war lange Zeit Pflichtlektüre im Gymnasium.

Die Töchter des Ehepaares von Laßberg verkauften die Meersburg 1877 an den Herrn Mayer, aber kei-

Trutzig und stark: Die Meersburg ragt stolz über dem Bodensee empor.

neswegs an irgendeinen Mayer. Karl Heinrich Otto Joseph Anton Ritter und Edler Mayer von Mayerfels war ein Heraldiker und Altertumsforscher. Diese Tätigkeiten übte er nicht mit wissenschaftlicher Distanz aus, sondern er war bestrebt, gänzlich in diesem Milieu zu Hause zu sein und auch seinen eigenen Namen mit diversen blumigen Erweiterungen zu versehen. Als Sohn eines reichen Bankiers erwarb er mehrere Adelssitze und nannte sich dann beispielsweise »Herr zu Prößels auf Völz«.

Seinen Immobilienbestand vergrößerte er weiter mit dem Kauf der Burg Meersburg. Nach dem Tod seiner Tochter Ida von Miller im Jahr 1939 wurde die Meersburg für Besichtigungen geöffnet. Nachkommen des Herrn Mayer leben heute noch auf der Meersburg.

Für Kinder

In der Burg können etwa 30 Räume ohne Führung besichtigt werden. Dazu gehören u. a. die Burgküche, die Waffenhalle, der Rittersaal, das Burgverlies, die Dürnitz (einziger beheizbarer Raum) und zwei Kapellen. Für die Dichterin Annette von Droste-Hülshoff, deren Sterbezimmer ebenfalls zu besichtigen ist, werden kleinere Kinder vermutlich nicht zu begeistern sein. Zudem ist die – geführte – Besteigung des »Dagobertsturmes« mit Aussicht auf die Stadt, den See und die Alpen

Die Backstube ist nur einer von 35 Räumen ...

möglich. Im Turm sind eine Gefängnisstube aus dem 19. Jh. sowie der Renaissancesaal mit Schatzkammer zu sehen. Im tiefsten Teil des Turmes besichtigt man die Folterkammer. Familien mit kleinen Kindern sei daher empfohlen, sich auf die ohne Führung zugänglichen Bereiche der Meersburg zu beschränken.

Die Burg liegt inmitten der Stadt Meersburg in unmittelbarer Nähe des Bodensees. Ein Spaziergang entlang der Uferpromenade oder eine Schifffahrt auf dem Bodensee kann folglich sehr gut mit der Besichtigung der Burg verbunden werden.

Die Waffen der Ritter

Die Burg Meersburg stammt aus der Epoche, in der die Waffen und Rüstungen der Ritter tatsächlich eingesetzt wurden. Die wichtigste Waffe der Ritter war damals das Schwert. Dieses war etwa 1 m lang und konnte als Hieb- oder Stichwaffe eingesetzt werden. Gegen einen anderen gepanzerten Ritter war nur die Verwendung als Stichwaffe erfolgversprechend. Mit der Lanze versuchten die Ritter, sich gegenseitig aus dem Sattel zu werfen. So wurde auch auf Turnieren gekämpft, weil ein gepanzerter Ritter durch einen gezielten Lanzenstich allein zwar vom Pferd fiel, aber nicht getötet wurde.

Entgegen der weit verbreiteten Meinung konnte auch ein Ritter in seiner Rüstung wieder vom Boden aufstehen und sich bewegen. Freilich war ein Fußsoldat im Nahkampf

■ **… die man in der Meersburg besichtigen kann.**

einem Reiter deutlich unterlegen. Dies änderte sich, als ab dem 15. Jh. die »schwere Infanterie« üblich wurde. Diese Fußsoldaten waren mit der »Pike« bewaffnet, einer noch längeren Lanze, als die Ritter sie tragen konnten. Die Pikeniere stützten im Kampf ihre etwa 3 m lange Waffe auf dem Boden auf. Ein heransprengender Ritter konnte so verletzt oder getötet werden, bevor er seine eigenen Waffen einsetzen konnte.

Eine noch größere Gefahr drohte gepanzerten Rittern ab dem 11. Jh. durch die Armbrust. Der Anblick eines auf ihn zielenden Armbrustschützen, so wie er auf dem Gemälde im Schloss Lichtenstein dargestellt ist, musste jeden Panzerritter in Furcht und Schrecken versetzen. Die Armbrust ist praktisch ein fest montierter Bogen. Durch die Rückhaltevorrichtung kann der Schütze in Ruhe zielen oder auf ein passendes Ziel warten, ohne währenddessen mit eigener Armkraft den Zug des Bogens halten zu müssen. Außerdem kann der Bogen der Armbrust mit einem Hebel oder einer Winde mit einer höheren Kraft gespannt werden, als dies nur durch Muskelkraft möglich wäre. Mit einem Armbrustgeschoss konnte somit auch ein Plattenpanzer durchschlagen werden.

Praktisch änderte die Armbrust die bis dahin gültige soziale Ordnung auf dem Schlachtfeld. Wer sich ein Pferd und eine Rüstung leisten konnte (allein die Rüstung kostete das Mehrfache des Jahresgehalts

eines Handwerkers), war bis dahin auch militärisch stärker. Mit der vergleichsweise günstigen Armbrust konnte dagegen ein ungeschützter Fußsoldat einen Ritter zu Pferde töten, bevor der seine Stärke im Nahkampf ausnutzen konnte.
Klarer Nachteil der Armbrust, sofern diese mit einem Hilfsmittel gespannt werden musste, war die langsame Schussfolge. Ein Bogenschütze konnte etwa zwölf Pfeile pro Minute verschießen – meist aber keinen Panzer durchschlagen. Ein Armbrustbolzen durchdrang auch die härtesten Teile der Rüstung, es waren aber allenfalls zwei Schuss pro Minute möglich. Wenn er damit nicht traf und der feindliche Reiter inzwischen nahe an den Armbrustschützen herangekommen war, war dieser so gut wie wehrlos.
Papst Innozenz II. verbot im Jahr 1139 den Einsatz der Armbrust im Krieg zwischen Christen – wohl eben deshalb, um das bisherige soziale Gefüge auf dem Schlachtfeld zu erhalten. Erlaubt war nach dem Willen des Papstes der Einsatz dieser Fernwaffe gegen Heiden. Aufhalten konnte der Papst die Verbreitung der Waffe freilich nicht. Mit der zunehmenden Verbreitung des Schießpulvers und der Feuerwaffen auf den Schlachtfeldern ab dem 15. Jh. war der Vorteil der gepanzerten Ritter endgültig dahin. Kaiser Maximilian I. (1459–1519) gilt als »der letzte Ritter«. Sein Enkel und Nachfolger im Kaiseramt, Karl V., musste dann nicht gegen die Waffen, sondern gegen die Worte und Schriften des Mönchs Martin Luther antreten. Das Mittelalter war Vergangenheit.

- **Öffnungszeiten:** *Von März bis Oktober 9–18.30 Uhr, November bis Februar 10–18 Uhr.*

- **Kontakt:** *Burg Meersburg, Schlossplatz 10, 88709 Meersburg, Telefon (0 75 32) 8 00 00, www.burg-meersburg.de*

- **Eintrittspreise:** *Erwachsene € 8,50, Jugendliche € 6,50, Kinder bis 13 Jahre € 4,50, Turmbesteigung zusätzlich € 2,50. Für Familien gibt es 15 Prozent Rabatt, auf die Turmbesteigung 50 Prozent.*

- **Position:** *47°41´38´´N, 9°16´13´´E.*

- **Lage:** *Inmitten der Stadt Meersburg.*

- **Bademöglichkeit:** *Die Therme in Meersburg mit Innen- und Außenbereich, www.meersburg-therme.de Strandbäder: www.bodensee.travel/bodensee/baden/obersee.html*

- **Schifffahrten auf dem Bodensee:** *www.bsb-online.com, www.bodenseeschifffahrt.de, www.bodenseeschiff.de*

Schloss Neckarsulm

Motorräder, Autos und Kinderprogramm

Das Schloss inmitten der Stadt Neckarsulm fällt völlig aus dem Rahmen: Im Inneren ist es jedenfalls für ein Anwesen dieser Art hochmodern, denn darin werden Fahrräder, Motorräder und Autos ausgestellt. Diese sind für heutige Besucher allerdings auch schon wieder Vergangenheit, denn die Zeiten der Auto- und Motorradmarke NSU sind längst passé.

Von außen nach wie vor ein Schloss, von innen jedoch ein Auto- und Zweiradmuseum: Das Deutschordensschloss fällt aus dem Rahmen, weil es innen so gar nicht nach Schloss aussieht. Einstmals war das Schloss mitten in der Stadt Neckarsulm ein wichtiges Zentrum für den Deutschen Orden. Die glanzvolle Epoche des einstmals mächtigen Ritterordens ist vergangen. Von den Ordensrittern ist inzwischen in Neckarsulm nur noch am Rande die Rede. Heute beherbergt das Schloss Autos und Zweiräder der Marke NSU. Doch auch die Epoche dieser Marke gehört der Vergangenheit an. Aufstieg und Niedergang der Fahrzeuge aus Neckarsulm sind heute im Museum im Schloss zu sehen.

Das Schloss ist nicht für sehr kleine Kinder geeignet. Und ein Prinzen- oder Prinzessinnenfeeling wird sich bei einem Besuch auch nicht einstellen, höchstens bei den Eltern eine Erinnerung an ein Auto der Marke NSU mit Namen Prinz. Hier spukt

■ **Schloss Neckarsulm: Faszinierend sind sie zweifellos, die Fahrzeuge aus vergangenen Zeiten ...**

auch kein Schlossgeist, sondern das Gemäuer wird geprägt vom Geist früherer Mobilität. Fahrrad- und motorradbegeisterte Jugendliche aber werden sehr erfreut sein.

Geschichte

Von 1484 bis zur Säkularisation im Jahr 1805 stand die Stadt am Zusammenfluss von Neckar und Sulm im Eigentum des Deutschen Ordens. Das Bandhaus, heute der dominierende Teil des Schlosses, wurde 1540 fertig gestellt. Im Laufe der Jahrhunderte wurde das Schloss mehrfach erweitert und umgebaut. Im 19. Jh. wurden einige Bauteile abgebrochen. Insofern stellt sich die Anlage heute als ein uneinheitliches Werk dar. Nach der Säkularisation kam die Stadt Neckarsulm zum Königreich Württemberg. Im Schloss wurde damals das Oberamt Neckarsulm untergebracht.

Im Zweiten Weltkrieg wurde das Deutschordensschloss wie die gesamte Stadt Neckarsulm erheblich in Mitleidenschaft gezogen. 1949 wurde die Anlage nahezu in der vorherigen Form wiederaufgebaut. Die Schlosskapelle diente der evangelischen Kirchengemeinde bis zum Bau der Stadtkirche als ständiger Gottesdienstraum. Heute kann man in der Schlosskapelle nicht kirchlich, sondern standesamtlich heiraten, denn in diesem Gebäudeteil ist das Trauzimmer des Standesamtes untergebracht.

Seit 1956 ist im Bandhaus und Amtshaus, den größten Bauwerken des Schlosses, das Deutsche Zweirad- und NSU-Museum eingerichtet. Die spätere Marke NSU wurde 1873 in Riedlingen gegründet und bald darauf nach Neckarsulm verlegt. Zuerst wurden Nähmaschinen hergestellt. Ab 1886 produzierte man in Neckarsulm Fahrräder und bald darauf Motorräder. Auch die kleine Zugmaschine »Kettenkrad« der Wehrmacht – siehe dazu den Beitrag über Schloss Rastatt – wurde in Neckarsulm hergestellt. NSU hat einen großen Anteil an der Entwicklung der Motorradtechnik. Mitte der 1950er-Jahre war NSU der größte Zweiradhersteller der Welt. Auch als Autobauer war NSU bekannt. Legendär war der Kleinwagen Prinz.

NSU experimentierte mit einem besonderen Verbrennungsmotor: Beim Wankelmotor bewegt sich kein Kolben auf und ab, vielmehr dreht sich in ihm ein Kreiskolben. Von 1967 bis 1977 wurden in Neckarsulm etwa 37 000 damals hochmoderne Autos mit Wankelmotor, der Ro 80, hergestellt. Ausgereift war die Technologie zu dieser Zeit nicht. Audi verwendet in neuen Elektroautos den Wankelmotor zur Verlängerung der Reichweite. Schneemobile werden oft von Motoren dieser Art angetrieben, ebenso ein Modell einer japanischen Autofirma. 1969 schloss sich die NSU AG mit der Auto Union GmbH zusammen. Die Aktiengesellschaft erhielt 1985 einen neuen Namen: Audi AG.

Für Kinder

Das Schloss ist vor allem für zweiradbegeisterte Jungs interessant. Die Altersspanne dieser Zielgruppe reicht wohl von zwölf bis 92 Jahre. Sollte der Opa früher einmal ein NSU-Motorrad oder einen Prinz besessen haben, so wäre er ein sehr guter Begleiter für einen Besuch im Deutschordensschloss. Die informativ gestalteten Schaubilder über die Kraftübertragung und andere Fahrzeugtechniken können von Kindern ab etwa zwölf Jahren verstanden werden. Aber: Im Museum gibt es auch einige wenige spezielle Programmpunkte für kleine Kinder,

... es erfordert aber einige Geschicklichkeit, damit durch die Gegend zu fahren.

Tradition und Moderne gekonnt vereint – so präsentiert sich das ehemalige Deutschordensschloss in Neckarsulm bereits von außen.

z. B. ein Theaterstück »Zwei Radfreunde im Museum«. Das Stück ist für Kinder ab drei Jahren konzipiert. Für Ältere gibt es Grusel-Krimi-Abende.

Öffnungszeiten: *Dienstag bis Sonntag und Feiertage 9–17 Uhr, Donnerstag 9–19 Uhr.*

Kontakt: *Deutsches Zweirad- und NSU-Museum, Urbanstraße 11, 74172 Neckarsulm, Telefon (0 71 32) 35-2 71, E-Mail: info@zweirad-museum.de, www.zweirad-museum.de*

Eintrittspreise: *Erwachsene € 4,50, Schüler und Studenten € 2,50, Familienkarte € 9,00, Kinder bis 6 Jahre frei.*

Position: *49°11´30´´N, 9°13´21´´E.*

Lage: *Inmitten der Stadt Neckarsulm.*

Badesee: *Breitenauer See bei Löwenstein, 49°6´58´´N, 9°23´0´´E.*

Schloss Rastatt

Adliges Leben
und Wehrmachts-Kettenkrad

Mal wieder ein Barockschloss inmitten einer Stadt – aber mit historisch-pädagogisch wohldurchdachtem Interieur. Das allerdings ist für Kinder nur bedingt geeignet. An einigen Tagen wird im Schloss Rastatt aber ein gut organisiertes Kinderprogramm angeboten.

Das Kettenkrad im Eingangsbereich – eine kleine Zugmaschine der deutschen Wehrmacht mit Ketten und motorradähnlichem Vorderbau – fasziniert viele junge Besucher des Rastatter Schlosses weit mehr als die barocke Gestaltung der Prunkräume im Residenzschloss. In der einstigen Residenz der Markgrafen ist inzwischen auch ein wehrgeschichtliches Museum untergebracht. Eine Erinnerungsstätte für die Freiheitsbewegungen in der Geschichte Deutschlands findet sich ebenfalls in diesem Barockschloss.

Geschichte

Ein neues Häuschen für das jungverheiratete Paar war zweifellos notwendig, denn das bisherige Domizil des Bräutigams war abgebrannt. Im Pfälzischen Erbfolgekrieg, in dem auch das Heidelberger Schloss beschädigt wurde, ging in Baden-Baden das Quartier des badischen Markgrafen Ludwig Wilhelm in Flammen auf. Eingreifen konnte er nicht – der auch als »Türkenlouis« bekannte Heerführer kämpfte gerade weiter östlich gegen die Osmanen. Also wurde später neu gebaut,

Schloss Rastatt: ein mehr als standesgemäßes Quartier für ein junges Paar!

und zwar standesgemäß, zumal Ludwig Wilhelm erst kürzlich eine Prinzessin geheiratet hatte. Franziska Sibylla Augusta von Sachsen-Lauenburg hieß seine Braut und war von ihrem Herrn Papa, dem Herzog Julius Franz von Sachsen-Lauenburg, her gewohnt, ein edles Ambiente um sich zu haben.

Die markgräfliche Residenz wurde dafür von Baden-Baden nach Rastatt verlegt. Dort entstand von 1697 bis 1707 ein Barockschloss, das zweifellos das französische Versailles als Vorbild hatte. Rastatt gilt somit als erstes Schloss in Deutschland, dessen Erbauer dem Baustil des französischen Absolutismus nacheiferte. Eigentlich hätte in Rastatt nur ein Jagdschloss entstehen sollen. In dieser Bauepoche war es jedoch anscheinend üblich, mit dem Bau eines kleines Jagdschlösschens anzufangen und dann bei einem Barockschloss zu enden.

Rastatt erlangte auf diese Weise die Stadtrechte. Ludwig Wilhelm wiederum bekam nicht die Kurwürde, die er nach seinen militärischen Erfolgen beanspruchte – und dies, obwohl er u. a. durch seinen Prachtbau in Rastatt auch seine Bedeutsamkeit unübersehbar demonstrierte. Von seinem neuen Eigenheim hatte Ludwig Wilhelm allerdings nicht sonderlich viel. Die meiste Zeit war er irgendwo im Krieg. Noch vor der Vollendung des Rastatter Schlosses starb er quasi an einer Berufskrankheit eines Mannes seiner Art, nämlich an einer Kriegsverletzung. Im 18. Jh. wurde das Rastatter Schloss weiter ausgebaut und im 19. Jh. als Festungskommandantur verwendet.

Für Kinder

Das Rastatter Schloss bietet in seinen Sonderführungen viel für junge Familien: Bei der Führung »Das Neueste vom Hofe« erfährt man einiges sowohl aus dem Leben der Markgräfin Sibylla Augusta und ihrem Gatten als auch das, was die einfachen Bediensteten im Schloss bewegte. Mitunter sind im Rastatter Schloss sogar die Drachen los – nämlich beim Ferienprogramm für kleine Schlossbesucher. Sogar Aschenputtel taucht in Rastatt auf. Einiges über Brauchtum in den verschiedenen Jahreszeiten können Kinder im Schloss ebenfalls lernen. Auch ein Weihnachtsprogramm mit den Großeltern – »Wir warten aufs Christkind – mit Oma und Opa ins Schloss« – wird angeboten. Wie bei den meisten Schlössern ist es für einen Besuch in Rastatt sehr empfehlenswert, sich über die Termine für Sonderführungen für Familien zu informieren.

Dem Wehrgeschichtlichen Museum muss man zugute halten, dass hier keine Kriegsverherrlichung betrieben und kein Mythos der Waffen gepflegt wird. Dargestellt werden auch die gesellschaftlichen Zusammenhänge der Kriegsführung. Insofern ist dieses Museum anspruchsvoller konzipiert als z. B. die Militärabteilungen des Auto- und Technikmuseums in Sinsheim. Die Wahl der Ausstellungsstücke in Rastatt erfolgte nach museumspädagogischen Kriterien, so dass die Ausstellung auch für Schulklassen geeignet ist.

In Pulli und Jeans wäre man zur Tanzstunde im Schloss Rastatt deutlich underdressed.

Falls der Abiball höchst stilvoll gefeiert werden soll: In Rastatt können sich Schulklassen anmelden, um sich in höfischem Zeremoniell unterweisen zu lassen.

Öffnungszeiten: *Barockresidenz Rastatt: April bis Oktober Dienstag bis Sonntag und feiertags 10–17 Uhr; November bis März Dienstag bis Sonntag 10–16 Uhr. Führungen beginnen jeweils zur vollen Stunde.*
Wehrgeschichtliches Museum: April bis Oktober Dienstag bis Sonntag 10–17 Uhr; November bis März Dienstag bis Sonntag und feiertags 10–16.30 Uhr.

Kontakt: *Barockresidenz Rastatt, Herrenstraße 18–20, 76437 Rastatt, www.schloss-rastatt.de*
Besichtigungen und Führungen: Besucherzentrum, Telefon (0 72 22) 97 83 85, E-Mail: info@schloss-rastatt.de
Sonderführungen: Service-Center, Telefon (0 72 22) 9 34 98 81, E-Mail: service@schloss-rastatt.de
Wehrgeschichtliches Museum Rastatt, Herrenstraße 18, 76437 Rastatt, Telefon (0 72 22) 3 42 44, E-Mail: information@wgm-rastatt.de, www.wgm-rastatt.de

Eintrittspreise: *Barockresidenz und Wehrgeschichtliches Museum: Erwachsene € 6,00, ermäßigt € 3,00, Familien € 15,00.*

Position: *48°51´32´´N, 8°12´20´´E.*

Lage: *Inmitten der Stadt Rastatt.*

Badesee: *Epplesee bei Neuforchheim, 48°58´3´´N, 8°19´´48´´E.*

Burg Reichenberg

Selten offen –
aber dann ist's spannend

Weithin sichtbar von der B 14 aus, meistens aber verschlossen, so gibt sich die Burg mit dem dicken Turm oberhalb von Oppenweiler. Wenn jedoch an bestimmten Tagen die Burg für die Öffentlichkeit geöffnet ist, dann ist darin einiges los. Insbesondere das Burgverlies anzuschauen ist grauslig-schön.

Wer öfter auf der B 14 von Winnenden in Richtung Schwäbisch Hall unterwegs ist, kennt die Anlage mit ihrem charakteristischen Bergfried gut. Burg Reichenberg liegt an einem exponierten Punkt oberhalb des Ortes Oppenweiler. Diese Burg ist die einzige in diesem Buch beschriebene Anlage, die normalerweise nicht öffentlich zugänglich ist. Die Burg Reichenberg dient heute als Wohnheim für Menschen mit psychischen Behinderungen. Eigentümer ist das Land Baden-Württemberg, Trägerin des Behindertenwohnheimes die Paulinenpflege Winnenden e. V. An sechs Sonntagen im Jahr, zu den sogenannten Burgcafés, zum Tag des Schwäbischen Waldes und zum Weihnachtsmarkt ist die Burg für Besucher geöffnet. Dabei werden jeweils auch Führungen angeboten. Gruppen können sich auch außerhalb dieser Termine zu besonderen Themenführungen anmelden.

Geschichte

Die Burg wurde Anfang des 13. Jh. erbaut. Vom 16. bis zum 19. Jh. war die Anlage Sitz des Forstamtes. Aus dieser Zeit stammt noch der Kerker, in dem Wilddiebe eingesperrt wurden. Dieser Kerker befindet sich im Untergeschoss des Turmes und ist nur

Am Tag des Schwäbischen Waldes wird in und um die Burg Reichenberg das Mittelalter lebendig.

durch eine Luke in der Decke zugänglich. Mit einer Seilwinde wurden Wilderer in dieses Verlies hinuntergelassen. Unten im Verlies hausten sie unter erbärmlichen Bedingungen.

Seit 1888 dient die Burg als soziale Einrichtung. Der erste Träger sozialer Arbeit in der Burg war die Samariterstiftung. 1929 zog diese Einrichtung in das Schloss Grafeneck bei Gomadingen auf der Schwäbischen Alb um. Weil Grafeneck ziemlich abseits liegt, wählten die Nationalsozialisten es als Ort für die Tötung von Menschen mit Behinderungen. Burg Reichenberg wurde ab 1930 von der Evangelischen Gesellschaft Stuttgart betrieben. Anfangs wurden dort »gefallene Mädchen« wieder auf ein normales Leben vorbereitet – nach dem Ersten Weltkrieg hatte die Prostitution stark zugenommen. Später nutzte die Evangelische Gesellschaft Stuttgart die Burg als Wohnheim für Menschen mit Behinderungen. Weil die Burg Reichenberg von Stuttgart aus ziemlich verkehrsungünstig liegt und die Verwaltung der Anlage für die Evangelische Gesellschaft zu aufwändig wurde, übernahm im Jahr 2007 die Paulinenpflege Winnenden e. V. die Burg und führt den Betrieb weiter. Die bisherigen Bewohnerinnen und Bewohner konnten bleiben.

Für Kinder

Beeindruckend an der Burganlage sind der Innenhof, die Wehrgänge, der Innenraum des Bergfrieds und das Verlies darunter. Ausstellungen mit Ritterrüstungen etc. gibt es in dieser Burg allerdings nicht. Leider hat der Bergfried kein Fenster und keinen Umlaufgang, so dass man von oben nicht hinunterschauen kann.

Für Kindergruppen kann man mit der Burgverwaltung einen Termin für eine spezielle Führung vereinbaren. Eine der für Gruppen angebotenen Führungen hat das Thema »Bräuche im Wandel der Jahreszeiten«. Bei diesen Führungen werden die Feste im Jahreskreis sowie regionale Bräuche dazu erklärt. Weniger angenehm geht es zu bei der Führung »Weise Frauen – Böse Weiber. Zur Geschichte der Hexenverfolgungen«. Im 16. Jh. war auf der Burg Reichenberg eine sogenannte Hexe eingesperrt. An ihrem Schicksal wird das Thema Hexenverfolgungen anschaulich gemacht. Ein für Kinder wesentlich schöneres Thema sind Märchen. Gerade Burgen und andere alte Gebäude spielen für diese eine wichtige Rolle. Im Rahmen dieser Führung wird eine Auswahl bekannter und unbekannter Märchen erzählt.

Bei der Themenführung »Küche und Kräuter« geht es um die geschmackliche Vielfalt regionaler Kräuter – bevor die »Pfeffersäcke« (Kaufleute, die am Import von Gewürzen auf dem Seeweg bestens verdienten) ihre Waren aus fernen Ländern anboten. Bei dieser Führung bleibt es nicht beim Zuhören: »Es werden alle Sinne angesprochen.« Um die Jagd im Herzogtum

Früher war das keineswegs lustig: Mit der Winde wurden Wilderer in ein Verlies hinuntergelassen, dessen einzige Öffnung oben an der Decke war.

Württemberg dreht sich die Führung »Jagd im Mittelalter«. Die Burg Reichenberg war mehrere Jahrhunderte lang ein herzogliches Forstamt. Mitunter kamen auch die Herzöge selbst zur Jagd hierher – was für den Förster und die Bevölkerung keineswegs nur eine Freude war.

An den Sonntagen, an denen die Anlage zum »Burgcafé« geöffnet ist, muss man sich nicht für eine Führung anmelden. Gleiches gilt für den Höhepunkt im jährlichen Burgleben auf der Burg Reichenberg: Das umfassendste Programm für Kinder wird an einem Sonntag im September, am »Tag des Schwäbischen Waldes«, angeboten. Dann

■ **Eines der Wahrzeichen der Stadt Oppenweiler: die Burg Reichenberg oberhalb des Ortskernes.**

tummeln sich Ritter und Burgfräulein in Scharen in der Burg. Ponys stehen bereit, damit zukünftige Turnierkämpfer ihre ersten Erfahrungen im Reiten erwerben können.

■ **Öffnungszeiten:** *Die Burg ist für die Öffentlichkeit nur an den oben genannten Tagen geöffnet. Die genauen Termine erfährt man auf der Internetseite.*

■ **Kontakt:** *Telefon (0 71 91) 93 55 93 und 6 82 34, Mobil (01 51) 17 14 27 16, E-Mail: anmeldung@burg-reichenberg.de, www.burg-reichenberg.de*

■ **Eintrittspreise:** *Themenführungen: Erwachsene € 6,00, ermäßigt € 4,00, Familien € 13,00, Schulklassen € 30,00, Themenführungen für Gruppen € 90,00. Für die Führungen im Rahmen der Burgcafé-Sonntage sowie beim »Tag des Schwäbischen Waldes« wird weniger Eintrittsgeld erhoben.*

■ **Position:** *48°59´31´´N, 9°27´39´´E.*

■ **Lage:** *Teil des Ortes Oppenweiler, aber deutlich oberhalb der Ortsmitte gelegen.*

■ **Badeseen:** *Keiner in der direkten Umgebung. 18 km entfernt ist der Waldsee bei Fornsbach (48°58´35´´N, 9°39´50´´E). Der Breitenauer See (49°6´58´´N, 9°23´0´´E) liegt 22 km, die Badeseen bei Plüderhausen (48°47´06´´N, 9°36´59´´E) oder bei Waldhausen (48°47´13´´N, 9°37´55´´E) liegen 32 km entfernt.*

Kloster und Schloss Salem

Entdeckungstour im Mönchsgewand

Bekannt als Nobelinternat ist das Schloss Salem weltweit. Weniger bekannt ist, dass hier an jedem Sonntag um 15 Uhr eine Kinder- und Familienführung angeboten wird. Insofern ist Salem eines der wenigen hier beschriebenen Ausflugsziele, das auch ohne langfristige Terminplanung für Familien in Frage kommt.

So hatte sich Robert von Molesme († 1111) ein Zisterzienserkloster sicher nicht vorgestellt: Anstatt wie ursprünglich gewünscht auf äußere Pracht zu verzichten, wurde das Kloster Salem bei Überlingen bald schon ein mächtiges Anwesen, dem im Reich derselbe Status zukam wie einer freien Reichsstadt. Robert von Molesme, einstiger Benediktinermönch, war Mitbegründer des neuen Ordens der Zisterzienser. Der neue Orden wählte seinen Namen nach dem ersten Kloster im französischen Cîteaux.

Nach Ansicht dieser Mönche beschäftigten sich die Benediktiner zu sehr mit ihrem weltlichen Besitz und mit der Pracht ihrer Klöster. Bald darauf gründete dieser neue Orden der Zisterzienser auch ein Kloster am Bodensee. Aus den bescheidenen Anfängen im Stil dieses nicht auf äußeren Glanz bedachten Ordens wurde im Laufe der Jahrhunderte eine schlossähnliche Reichsabtei mit mehr als beein-

Früher Kloster, inzwischen Internatsschule: Schloss Salem

druckenden Stuckaturen und Malereien im Barockstil. Der Kaisersaal im zweiten Stock der Prälatur mit seinen Statuen von Kaisern und Königen zeugt auch heute noch davon, wie eng einstmals das Kloster mit den Mächtigen verbunden war. Mit der Säkularisierung im Jahr 1802 ging das Kloster in das Eigentum der Markgrafen von Baden über. Seitdem trägt die Anlage den Namen »Schloss Salem« – viel verändern dafür musste man am ehemaligen Kloster nicht.

1920 gründete Prinz Max von Baden zusammen mit Kurt Hahn das Internat »Schule Schloss Salem«. Kurt Hahn gilt als Begründer der »Erlebnispädagogik«. Neben sportlichen Herausforderungen verlangte er von seinen Schülerinnen und Schülern auch soziales Engagement. Nach diesen Grundsätzen wird das Leben im Elitegymnasium Salem auch heute noch organisiert. Max von Baden, letzter Reichskanzler des Deutschen Kaiserreiches, ging u. a. dadurch in die Geschichte ein, dass er am 9. November 1918 eigenmächtig die Abdankung des Kaisers verkündete.

Geschichte

Bei der Klostergründung war dieses Fleckchen Erde ein sumpfiges Gebiet. Es lag zwar durchaus nahe bei anderen Orten, die Region wurde aber aufgrund dieser Bedingungen als keineswegs attraktiv angesehen und war somit als Standort für den Reformorden der Zisterzienser denkbar. Bald schon wurde das Kloster wohlhabend, beispielsweise durch den Verkauf von Obst und Bodenseefischen. Vom Reichtum des Klosters zeugt der Bau des gotischen Münsters im 13. und 14. Jh. Bereits im Jahr 1355 wurde das Kloster reichsunmittelbar, d. h. es war nicht den Territorialherren, sondern direkt dem Kaiser unterstellt.

Einflussnahme des Konstanzer Bischofs konnten die Mönche ebenfalls verhindern. In der Reformationszeit blieb die Region um Salem katholisch, so dass jedenfalls vorläufig von dieser Seite her dem Kloster keine Gefahr drohte. 1697 aber wurde fast die gesamte Klosteranlage durch einen Brand zerstört, das Münster blieb weitgehend erhalten. Keine zehn Jahre später war die Abtei in weit größerer Weise als vorher im Rokokostil wiederaufgebaut. Das ursprüngliche Reformanliegen der Zisterzienser war schon längst vergessen. Im Zuge der Gegenreformation wollte die katholische Kirche dieser Zeit durch ihre Bauten die Herrlichkeit Gottes und seiner Kirche demonstrieren.

Mit dem Reichsdeputationshauptschluss im Jahr 1803 endete auch in Salem die Zeit der Mönche. Die Anlage blieb aber erhalten und wurde zeitweilig als Sommerresidenz der Großherzöge von Baden genutzt. Der letzte dieser Großherzöge, Prinz Max von Baden, war 1919 noch einen Monat lang Kanzler des Kaiserreiches. Nach dem Übergang der Regierungsverantwortung vom Adel auf gewählte Politiker zog sich Max von Baden mit seiner Familie ins Schloss Salem zurück. Die dort neu gegründete Schule diente

Im Schloss Salem gibt es nicht nur ein Feuerwehrmuseum, die Internatsschüler leisten auch Dienst in der schuleigenen Feuerwehr.

auch der Erziehung seiner eigenen Kinder. Ebenso wollte er nach dem Ende der Monarchie in Deutschland eine neue Elite für die kommende Zeit heranziehen. Das Internat besteht bis heute. Dennoch stehen dem Besucher viele Räume der ehemaligen Klosteranlage zur Besichtigung offen.

Zwischen dem Haus Baden und der Schulleitung kam es in den 1980er-Jahren zu Meinungsverschiedenheiten. Der Chef des Hauses Baden hatte deutlich konservativere Vorstellungen über die Erziehung der Schüler als das Lehrerkollegium. Letztendlich wurde die Schule unabhängig vom Haus Baden. Im Frühjahr 2009 veräußerte das Haus Baden den größten Teil der Anlage an das Land Baden-Württemberg.

Für Kinder

Für Familienausflüge bietet Salem eine sehr praktische Besonderheit: Jeden Sonntag um 15 Uhr gehen Kinder im Mönchsgewand auf Entdeckungstour durch das Kloster. Diese Familienführung dauert etwa eine Stunde. Eine Anmeldung ist nicht erforderlich. Für Kinder hat Salem auch sonst recht viel zu bieten: So sind im ehemaligen Kloster ein Feuerwehrmuseum, eine historische Schmiede und ein Küferei- und Brennereimuseum untergebracht. Auch die Zahl der Gebäude und der Schlossgarten machen klar, dass Salem auf jeden Fall einen Tagesausflug wert ist.

Für Erwachsene gibt es unterschiedlich ausführliche Führungen sowie für Gruppen auch mehrere Themenführungen mit anschließender Weinprobe.

- **Öffnungszeiten:** *1. April bis 31. Oktober: Montag bis Samstag 9.30–18 Uhr, Sonn- und Feiertage 10.30–18 Uhr. Regelmäßige Führungen; an jedem Sonntag um 15 Uhr eine Kinderführung. 1. November bis 31. März: Keine normalen Öffnungszeiten. Es werden nur an jedem Sonntag um 15 Uhr Führungen angeboten, auch die Führung für Kinder! Diese Führung durch das Münster, den Kreuzgang und das Sommerrefektorium dauert etwa eine Stunde. Warme Kleidung ist erforderlich, da das Münster und andere Räume nicht beheizt sind. Jeden Sonntag um 11 Uhr wird eine Kunst-Matinée angeboten.*

- **Kontakt:** *Schloss Salem, 88682 Salem, Telefon (0 75 53) 9 16 53-36, E-Mail: schloss@salem.de, www.salem.de*

- **Eintrittspreise:** *Erwachsene € 7,00, ermäßigt € 3,50, Familien € 15,00. Kleine Führung inklusive Eintritt € 9,50, große Führung inklusive Eintritt € 12,50. Führungen in der Winterzeit: Erwachsene € 6,00, Kinder sind frei.*

- **Position:** *47°46´40´´N, 9°16´45´´E.*

- **Lage:** *Das Schloss Salem ist praktisch ein eigener Ortsteil am Rande des Ortes Salem. Für Kinder ist auch der Affenberg bei Salem recht interessant (www.affenberg-salem.de).*

- **Bademöglichkeiten:** *Badesee »Schlosssee« direkt bei Salem, 47°46´16´´N, 9° 17´31´´E. Am Bodensee: Strandbad West (www.strandbad-west.de) und Bodensee-Therme (www.bodensee-therme.de) in Überlingen.*

Kloster Schöntal

Beten und baden

Eindeutig ein Ausflugsziel für heiße Sommertage ist dieses ehemalige Kloster, denn das Beste an diesem Anwesen ist der Badeplatz an der Jagst. Dennoch ist auch die Klosterkirche durchaus einen Besuch wert.

Das für Familien an Kloster Schöntal Verlockendste gehört nicht zu den »Kernkompetenzen« der früheren Mönche: Der Badeplatz am Kloster, eine Wiese unterhalb der Klosteranlage direkt an der Jagstbrücke gelegen, ist ein idealer Platz zum Sonnenbaden und zum Planschen im Wasser. Die Jagst vor sich, die beeindruckende Klosteranlage hinter sich und das alles in der idyllischen Region Hohenlohe – diese Wiese würde wohl einen Preis in »Schöner Baden« gewinnen.

Außerdem kann man auch noch (mit mehr Textilien auf dem Leib) die barocke Klosterkirche sowie die Ausstellung im Informationszentrum der Anlage besichtigen. In der Sommerzeit werden an Sonn- und Feiertagen jeweils um 15 Uhr Führungen in der Klosterkirche angeboten. Die Klostergebäude werden als Tagungshaus genutzt und sind für Gäste von außerhalb nur im Rahmen von besonderen Führungen zugänglich. In der Klosterkirche liegt Götz

Malerische Gebäude säumen den Klosterhof in Schöntal.

von Berlichingen begraben. (Richtig, der mit besagtem Ausdruck.) Die Herren von Berlichingen hatten im 12. Jh. den Mönchen das Land für den Bau des Klosters zur Verfügung gestellt und im Gegenzug dafür das Recht erworben, in der Klosteranlage begraben zu werden.

Geschichte

Die Zisterzienserabtei wurde um 1150 von Maulbronner Mönchen gegründet. Da das Anwesen nicht im Herzogtum Württemberg (bzw. in Alt-Württemberg) lag, wurde es anders als die 14 Männerklöster in den württembergischen »Kernlanden« nicht schon unter Herzog Ulrich aufgelöst. Im Bauernkrieg und im Dreißigjährigen Krieg wurde das Klosters mehrmals beschädigt. Danach folgte aber wieder ein Aufschwung des Klosterlebens. Schöntal entwickelte sich zu einem »Klosterdorf« mit Mühle, Bäckerei, Brauerei, Viehhaus und Fruchtscheuer.

Ihr heutiges Aussehen bekam die barocke Klosteranlage unter dem Abt Benedikt Knittel (1650–1732). Die Klosterkirche ist eine dreischiffige Hallenbasilika mit Kuppel über der Vierung. In dieser Zeit entstand auch im Konventsgebäude das eindrucksvolle Treppenhaus im Stil des Rokoko. Dieses wurde unter der Regie von Christian Fluhr in den Jahren von 1743 bis 1746 gebaut. Im Zuge der Säkularisierung besetzten 1802 württembergische Truppen auch das Kloster, die Mönchsgemeinschaft wurde aufgelöst. Wie schon Jahrhunderte früher in der Reformationszeit üblich geworden, wurde die Klosteranlage dann als evangelische Schule weiter genutzt. Von 1810 bis 1975 war in Schöntal ein evangelisch-theologisches Seminar untergebracht. Heute wird das Kloster als katholisches Bildungshaus, Waldschulheim und als Schöntaler Rathaus genutzt.

Im linken Seitenschiff der Klosterkirche ist das »Heilige Grab« ausgestellt. Dies ist eine barocke Skulptur eines Felsens mit einer Grabhöhle. Von 1790 bis 1955 stand dieses Grab schon in der Klosterkirche. 1955 wurde es »ausgemustert«, dann aber in neuester Zeit wieder der Öffentlichkeit zugänglich gemacht. Im Rahmen der Kirchenführungen sonntags um 15 Uhr wird auch dieses Kunstwerk eingehend erklärt.

Für Kinder

In Kloster Schöntal werden keine »typischen« Kinderführungen angeboten. Den besonderen Reiz für Familien macht die Verbindung einer Klosterbesichtigung mit einem Aufenthalt am Badeplatz an der Jagst aus. Einige der Sonderführungen in der Klosteranlage sind aber für ältere Kinder durchaus interessant. Themen der Sonderführungen sind beispielsweise »Schätze hinter Klostermauern«, »Die Bilder-

Nicht nur für Kanufahrer: Direkt unterhalb des Klosters findet man an der Jagst einen wunderschönen Badeplatz.

Die ehemalige Zisterzienserabtei aus dem 12. Jahrhundert gilt als Perle im Jagsttal.

sprache in der Klosterkirche und der Heilig-Grab-Kapelle« oder »Die Sonnenuhren Schöntals und die Heilig-Grab-Kapelle«.

Öffnungszeiten: *Klosterkirche: Sommerhalbjahr 8–20 Uhr, Winterhalbjahr 8–17 Uhr. Informationszentrum: Vom 1. Mai bis 30. September täglich 11–16 Uhr, sonntags 13–18 Uhr.*

Kontakt: *Für Führungen im Kloster: Bildungshaus Kloster Schöntal, Klosterhof 6, 74214 Schöntal, Telefon (0 79 43) 8 94-0, E-Mail: bildungshaus@kloster-schoental.de, www.kloster-schoental.de*

Für Kirchenführungen: Katholisches Pfarramt Schöntal, Telefon (0 79 43) 24 06.

Eintrittspreise: *Neue Abtei: Erwachsene € 3,00, ermäßigt € 2,50. Neue Abtei und Klosterkirche: Erwachsene € 4,00, ermäßigt € 3,50.*

Position: *49°19´41´´N, 9°30´17´´E.*

Lage: *Kloster Schöntal ist ein eigenes kleines Klosterdorf in traumhafter Lage.*

Badeplatz: *Direkt unterhalb des Klosters (siehe oben).*

Schloss Schwetzingen mit Schlossgarten

Herrliche Blumen – manchmal mit Leiche

Ein Garten mit Schloss, so wird den meisten Besuchern das Schwetzinger Schloss in Erinnerung bleiben. Es sei denn, man nimmt an einer Kinderführung teil. Dann weiß man nämlich noch viel mehr darüber, wie es in vergangenen Jahrhunderten in Schlössern zuging.

Noch viel mehr als das Schloss ist der Schlossgarten wohlbekannt. Der ist zwar deutlich jünger als das Schloss im Ganzen, passt inzwischen aber hervorragend dazu. Eigentlich sollte das Schloss für den pfälzischen Kurfürsten nur eine Sommerresidenz sein. Im Sommer genoss der Kurfürst – samt seinem Hofstaat – das angenehme Leben im Schloss Schwetzingen. Ein bisschen Garten drum herum sollte auch noch da sein. Als alles vollendet war, hatte man ein Gesamtkunstwerk aus Gartenbaukunst und Architektur vor Augen.

Geschichte

Im 14. Jh. stand an der Stelle des heutigen Schlosses ein Wasserschloss. Im Dreißigjährigen Krieg wurde dieses zerstört. Kurfürst Karl Ludwig ließ das Schwetzinger Schloss dann wiederaufbauen – angeblich als standesgemäßes Liebesnest, um ungestört die Beziehung zu seiner Geliebten Luise von Degenfeld pflegen zu können.

Schloss Schwetzingen: So adrett gekleidet präsentierte sich der Kleine noch nie – und die großen Schwestern staunen.

Baubeginn für die heutige Anlage war im Jahr 1697. Insbesondere durch die beiden Flügelbauten wurde die Anlage erheblich vergrößert. Mitte des 18. Jh. hatte der Garten bereits die Fläche von 80 ha. Schon damals gehörte auch das Theater dazu. 1778 verlegte Kurfürst Karl Theodor (1724–1799), der in Schwetzingen für eine kulturelle Blütezeit gesorgt hatte, seine Residenz von Mannheim nach München. Das bisherige »Sommerhaus« in Schwetzingen hatte damit seine Bedeutung verloren. Auch das Theater wurde nur noch selten bespielt und verfiel zunehmend.

1936/37 und 2002/03 wurde das Theater völlig renoviert. Vom ursprünglichen Theater blieb aber nur der Zuschauerbereich bestehen. Das Bühnenhaus mit aller Technik musste vollständig neu gebaut werden, um heutigen Anforderungen zu genügen.

Für Kinder

Was für das gesamte Schwetzinger Schloss gilt, trifft ebenso auf das Programm der Kinderführungen zu: Noch beeindruckender als die Gebäude ist der grandiose Schlossgarten. So führt bei einer der Kinderführungen der kleine Löwe Theo die Kinder und erzählt ihnen, was er alles über das Schloss weiß. Anschließend wird gebastelt: Zepter, Kronen, Fächer, Masken oder auch ein Löwe. Bei einer anderen Kinderführung gibt es im Schlossgarten sogar einen Schatz zu entdecken.

Auch für die Erwachsenen hat die Schwetzinger Kleiderkammer etwas im Fundus.

Recht Geheimnisvolles wird von der »Bruderschaft des Halbmondes« berichtet, die einiges mit dem Schatz zu tun hat.

Um Körperpflege in der Barockzeit geht es bei der Führung »Reichlich Parfüm – aber bitte kein Wasser«. Diese Kinderführung ist für Kinder ab zehn Jahren geeignet. Eltern müssen kaum befürchten, dass die Abneigung gegen Wasser in früheren Jahrhunderten einen schlechten Einfluss auf heutige Kinder ausübt. Mit Beginn der Pubertät werden sie bald schon eher zu viel als zu wenig Zeit im Badezimmer verbringen. Und falls nicht: Bei einer weiteren Kinderführung »Das nasse Element – eine erlebnisreiche Wassersuche im Garten« kann man Kindern die großen Vorzüge des Wassers anschaulich machen.

Wesentlich dramatischer geht es zu bei der Kinderführung »Mord im Schlossgarten«. Eine Schwetzinger Kammerzofe wurde heimtückisch ermordet und die Kinder sind aufgefordert, die Tat aufzuklären. Im Schwetzinger Schlossgarten lebt es sich offenbar recht gefährlich: Bei der Führung »Ein biss-chen Mord« findet man nicht nur eine tote Hofdame, sondern offenbar auch einen Vampir im Garten. Wer es lieber etwas ruhiger mag, der meldet seine Kinder zum »Tag im Schloss« an. Die Kinder erfahren so, was es in der Barockzeit zu essen gab und welche Kleidung man getragen hat. Ein Tanz wird auch noch einstudiert – im barocken Kostüm!

Schloss Schwetzingen mit Schlossgarten

Eigentlich kein Schloss mit Garten, sondern ein Garten mit Schloss.

Öffnungszeiten: *Der Schlossgarten ist im Sommer täglich 9–19.30 Uhr geöffnet, im Winter 9–16.30 Uhr. Wann »Sommer« und wann »Winter« ist, richtet sich danach, wann die Uhr auf die mitteleuropäische Sommerzeit bzw. auf die mitteleuropäische Winterzeit umgestellt wird.*
Eine Besichtigung des Schlosses ist nur im Rahmen von Führungen möglich. Diese beginnen während der Sommerzeit von Dienstag bis Freitag stündlich von 11–16 Uhr. Am Samstag, Sonntag und Feiertag beginnen die Führungen stündlich von 11–17 Uhr. In der Winterzeit gibt es Führungen nur am Samstag, Sonntag und an Feiertagen, jeweils 11, 14 und 15 Uhr.

Kontakt: *Schloss und Schlossgarten Schwetzingen, Schloss Mittelbau, 68723 Schwetzingen, Telefon (0 62 21) 65 88 80, E-Mail: service@schloss-schwetzingen.com, www.schloss-schwetzingen.de*

Eintrittspreise: *Schloss und Garten: Erwachsene € 10,00, ermäßigt € 5,00, Familien € 22,50. Sonderführungen: Erwachsene € 10,00 bzw. € 12,00, ermäßigt € 5,00 bzw. € 6,00.*
Nur Schlossgarten: Erwachsene € 5,00, ermäßigt € 2,50, Familien € 12,50. Im Winter gelten reduzierte Preise.

Position: *49°23´2´´N, 8°34´11´´E.*

Lage: *Inmitten der Stadt Schwetzingen.*

Badesee: *Hohwiesensee Ketsch, 49°21´41´´N, 8°30´51´´E.*

Hohenzollernschloss in Sigmaringen

Größte Waffensammlung in Deutschland

Das Hohenzollernschloss ist eine große Schlossanlage mit einer noch größeren Waffensammlung – so könnte man dieses Anwesen in, genauer gesagt oberhalb der Stadt Sigmaringen beschreiben. Nirgendwo sind mehr Rüstungen und anderes Kriegsgerät aus der Zeit der Ritter ausgestellt.

Auf einem Felssporn oberhalb der Donau thront es mit seinen Türmen und Erkern, das Schloss Sigmaringen. Weithin sichtbar über den Häusern stehend, prägt das Schloss diese Stadt. Von Sigmaringen flussabwärts wird das Tal der Donau breiter, insofern schließt das Schloss das »Obere Donautal« ab. Kenner der verschiedenen Bauepochen suchen jedoch vergebens nach einem einheitlichen Stil. Kein Wunder: Die Burggebäude stammen aus verschiedenen Jahrhunderten.

Geschichte

Eine Festung in Sigmaringen wird im Jahr 1077 erstmals urkundlich erwähnt. Von dieser Burg weiß man aber heute nicht mehr viel. Der Palas und das Burgtor stammen wohl aus dem 12. Jh. Im 15. Jh. begann eine neue Bauphase. Die Anlage wechselte im Laufe der folgenden Jahrhunderte mehrmals den Besitzer, bis sie schließlich in das Eigentum der Grafen von Hohen-

Gastfreundschaft auf Sigmaringer Art? In der Empfangshalle sind zwei Geschütze auf die Eingangstür gerichtet.

zollern-Sigmaringen kam. Im 17. Jh. wurden einige Bauteile am Schloss im Sinne der Renaissance verändert, im 19. Jh. weitere Elemente im Stil des Historismus. Weitere bedeutende Veränderungen mit historisierenden Formen gab es beim Wiederaufbau nach dem großen Brand von 1893.

Im Jahr 1214 teilte sich das Hohenzollerngeschlecht in eine fränkische und eine schwäbische Linie. Aus der fränkischen Linie entwickelte sich die brandenburg-preußische Linie, aus der mehrere preußische Könige und deutsche Kaiser hervorgingen. Die schwäbische Linie teilte sich im Jahr 1576 in die Häuser Hohenzollern-Hechingen, Hohenzollern-Haigerloch und Hohenzollern-Sigmaringen auf. Mit dem Aussterben der Haigerlocher Linie ging dieser Besitz an die Herren von Hohenzollern-Sigmaringen. Dieser Zweig des Fürstenhauses ist als die »katholische Linie« bekannt, weil diese Adligen während der Reformationszeit nicht zum neuen Glauben übertraten.

Die Fürsten von Hohenzollern-Hechingen und von Hohenzollern-Sigmaringen gaben ihre Macht im Jahr 1850 an Preußen ab. Die Ländereien von Hohenzollern-Hechingen und Hohenzollern-Sigmaringen wurden zum hohenzollerischen »Re-

Kinder haben damit kein Problem, das Deckengemälde im Roten Salon aus idealer Lage zu betrachten.

gierungsbezirk Sigmaringen« zusammengefasst. Die Bewohner dieser Territorien wurden somit preußisch. Von Friedrich Wilhelm IV. von Preußen kam in dieser Zeit die Initiative zum Neubau der damals verfallenen Hohenzollernburg bei Hechingen. Als König Friedrich Wilhelm IV. 1851 zu Besuch von Berlin nach Haigerloch kam, ist er angeblich von Schulkindern mit dem einstudierten Lied empfangen worden: »Wenn wir auch noch so klein sind, wir wollen gute Preußen sein.« Mit der Gründung des Bundeslandes Baden-Württemberg war 1952 die Geschichte der preußischen Enklave beendet.

Für Kinder

Schon eine normale Führung ist speziell für altersbedingt etwas kriegerisch veranlagte Jungs hochinteressant. Schließlich kann man bereits in der »Kanonenhalle« frühere Artilleriegeräte bewundern. Vor allem ist im Schloss die größte Waffensammlung Deutschlands ausgestellt. Hier sieht man Waffen und Rüstungen vom 14. bis zum 20. Jh. Zirka 3000 Exponate enthält diese Sammlung. Ob man mit Kindern auch noch die Ausstellung der Foltergeräte anschauen sollte, ist eine andere Frage. Wesentlich netter und für pubertierende Jungs ebenso interessant wie die Waffensammlung ist die Decke im Roten Salon: Da sind diverse junge Damen oben ohne abgebildet.

Schloss Sigmaringen hat von allen in diesem Buch vorgestellten Anlagen das breiteste Angebot an Themenführungen. Im Schloss gibt es nicht nur Ausrüstung für Haudegen, sondern man kann sich auch über das Schönheitsideal vergangener Zeiten informieren. Barbie jedenfalls hätte in vergangenen Jahrhunderten keine Chance auf dem Heiratsmarkt gehabt. Kunstführungen, Archivführungen, Tafelfreuden und Tischsitten, »Feenspuren«, Märchennacht, »Gespenstische Zeiten« – im Schloss Sigmaringen wird allerhand angeboten. Wem das zu harmlos ist: Krimiführungen – in historischem Kostüm – hat das Schlosspersonal auch im Angebot.

Bei einer Führung geht's in den Keller: Im Schloss Sigmaringen wurde 1870 eine Zentralheizung eingebaut. Im Keller wurde in einem mit Kohle beheizten Kessel Wasser erhitzt. Mit dem durch ein Rohrsystem geleiteten heißen Dampf konnten diverse Räume im Schloss erwärmt werden. Was für heute lebende Menschen eine Selbstverständlichkeit ist, war damals eine hochmoderne Sache. In anderen Schlössern dieser Zeit gab es keineswegs einen derartigen Komfort. Bei vielen Burgen und Schlössern ist es bis heute so geblieben, dass sie nicht zu beheizen sind.

Hochmodern, jedenfalls für die damalige Zeit: fließend warmes Wasser im Sigmaringer Schloss.

Schloss Sigmaringen oberhalb der Donau markiert das Ende des oberen Donautales.

Kurz im Brennpunkt großer Geschichte

Im September 1944 kam Marschall Henri Philippe Pétain begleitet von einer deutschen Militäreskorte in Sigmaringen an, zusammen mit seiner Ehefrau und ein paar Mitarbeitern. Pétain war 1916 in Frankreich berühmt geworden als erfolgreicher Verteidiger von Verdun. Inzwischen war er 89 Jahre alt und in weiten Teilen Frankreichs keineswegs mehr beliebt. Genauer gesagt galt er vielen Landsleuten als der Kollaborateur schlechthin. Pétain vertrat das Vichy-Frankreich, jenen Teil, der im Zweiten Weltkrieg zunächst nicht von den Deutschen besetzt wurde. Das war auch nicht nötig, denn die Vichy-Regierung war Berlin höriger, als man dies mit einer Besetzung hätte erreichen können.

Nach der Invasion der Alliierten an der französischen Atlantikküste im Juni 1944 war klar, dass die alliierten Truppen bald ganz Frankreich beherrschen würden. Die dortige Regierung musste fliehen – zu ihren Freunden nach Deutschland. Pétain folgten bald viele Franzosen, die den Zorn ihrer Landsleute eher noch mehr fürchten mussten als die Einnahme ihres Landes durch die Alliierten. Bald lebten etwa 2000 Franzosen in der Stadt Sigmaringen, die damals etwa 5000 Einwohner hatte. In Sigmaringen wurde in

dieser Zeit sogar eine französische Zeitung herausgegeben, außerdem war ein französischer Radiosender in Betrieb.
Pétain und seine Spießgesellen wurden im Schloss einquartiert. Den Fürsten samt seiner Familie hatten deutsche Polizisten zuvor aus seinem eigenen Schloss hinausgeworfen. Auch in der Stadt Sigmaringen waren keineswegs alle Einwohner erfreut über die Anwesenheit der vielen Franzosen. Abgesehen vom knappen Wohnraum verschärfte sich die schon bestehende Lebensmittelknappheit. Die oberen Ränge der Franzosen jedoch bekamen davon nichts mit. Sie wurden im Schloss bestens versorgt. Allein Pétain soll für sich fünf Lebensmittelkarten bekommen haben. Für das Gros der Franzosen war die Versorgung allerdings deutlich schlechter. Der Löwenwirt hat angeblich für sie täglich Riesenmengen an Essen ausgegeben – oft ausschließlich Rotkraut. Dennoch war den Sigmaringern klar, dass die Franzosen ihnen die Lebensmittel wegaßen.
Die Alliierten rückten inzwischen zum Rhein vor. Mit dem Ende der Ardennenoffensive im Dezember 1944 musste jedem klar Denkenden bewusst geworden sein, dass die Alliierten nicht mehr aufzuhalten waren. In Sigmaringen ging das französische Leben seinem Ende entgegen. Am 29. März erschien die Zeitung »La France« zum letzten Mal. Nach dem Einmarsch der französischen Truppen kamen viele der »Vichy-Franzosen« in Kriegsgefangenschaft. Etliche wurden später in Frankreich vor Gericht gestellt, viele davon wegen Kollaboration mit dem Feind zum Tode verurteilt. Pétain allerdings wurde begnadigt. Er starb im Alter von 97 Jahren auf der Atlantikinsel Île d'Yeu.

■ **Öffnungszeiten:** *1. April bis 31. Oktober 10–18 Uhr, 1. November bis 31. März 10–16 Uhr.*

■ **Kontakt:** *Schloss Sigmaringen, Karl-Anton-Platz 8, 72488 Sigmaringen, Telefon (0 75 71) 7 29-2 30, E-Mail: schloss@hohenzollern.com, www.hohenzollern.com*

■ **Eintrittspreise:** *Erwachsene € 9,00, ermäßigt € 7,00, Kinder von 6 bis 17 Jahren € 5,00, Familien bis vier Kinder € 25,00. Kuriosität am Rande: Die Einwohner Sigmaringens einschließlich der Ortsteile bekommen 25 Prozent Rabatt auf den Eintritt ins »eigene« Schloss.*

■ **Position:** *48°5´16´´N, 9°13´01´´E.*

■ **Lage:** *Inmitten der Stadt Sigmaringen auf einem Felssporn.*

■ **Badeseen:** *Baggersee bei Krauchenwies, 48°2´12´´N, 9°14´´57´´E. Badeplatz mit Grillstelle an der Donau zwischen Gutenstein und Dietfurt, 48°04´49´´N, 9°7´´42´´E.*

Schloss Solitude

*Schöne Kleider –
einst ohne Slip darunter*

Waldorffans werden sich freuen: Der rechte Winkel wurde an der Außenfassade dieses Schlosses konsequent vermieden. Es wurde aber schon lange vor der Zeit Rudolf Steiners gebaut und diente auch nicht der Beschäftigung mit höheren Sphären, sondern war in erster Linie ein fürstliches Ferienhaus. Daran hat sich nicht viel geändert: Das Schloss steht in einem Naherholungsgebiet im Großraum Stuttgart und ist im Sommer ein beliebtes Ausflugsziel.

Schloss Solitude war ursprünglich ein herzogliches Lustschloss – also nur ein Nebenwohnsitz für eine kleine Auszeit vom harten Regierungsgeschäft. Genauer gesagt war Schloss Solitude ein hübsches Domizil für die Jagden von Herzog Karl Eugen von Württemberg. Gänzlich bescheiden trat Karl Eugen aber auch beim Bau seines Ferienhauses auf dem Land (oder vielmehr im Wald) nicht auf. Die Anlage besteht immerhin aus drei Gebäuden: Der Mittelbau, das eigentliche Schloss mit Freitreppe, Festsaal und den herzoglichen Gemächern wird von zwei symmetrischen halbrunden Flügeln eingerahmt. Im Kavaliersflügel, also im vom Parkplatz kommend linken Nebengebäude, ist heute die Gastronomie untergebracht. Dieses erhaltene Ensemble

Schloss Solitude: die Mode vergangener Jahrhunderte auf dem Gemälde ...

der Schlossbauten gibt der Anlage ihre einzigartige Wirkung – auch wenn es mit seinen ovalen Formen nicht dem entspricht, wie man sich üblicherweise ein Schloss in Württemberg vorstellt.

Erbaut wurde Schloss Solitude unter dem württembergischen Herzog Karl Eugen in den Jahren von 1763 bis 1771 im Stil des Rokoko. Karl Eugen trieb ohne Rücksicht auf die Finanzlage den Bau seiner Lustschlösser voran. Auch Schloss Monrepos sowie Schloss Hohenheim entstanden während seiner Regierungszeit. Sehr gut am Schloss Solitude zu erkennen ist die für diese Bauepoche typische Vermeidung des rechten Winkels. Von den einstmals weitläufigen Gärten in der Umgebung des Schlosses sind heute nur noch Reste erhalten. Gut erkennbar ist aber nach wie vor die zeitgleich mit dem Schloss angelegte etwa 13 km lange Allee nach Ludwigsburg.

Geschichte

Ursprünglich sollte »Solitude« ein kleines Jagdschlösschen sein. Der Name Solitude – »Einsamkeit« – zeigt ja, dass dieses Schlösschen vom Herzog als ein Rückzugsort vom Leben in Stuttgart gedacht war. Die Jagden im Revier um Solitude waren aber keineswegs ein privates Hobby, sondern wurden zu einem gesellschaftlichen Ereignis. Dazu kamen Ballett- und Opernaufführungen im Schloss. Mit dem Bau von Schloss Hohenheim verlor

Schloss Solitude an Bedeutung. Anfang des 19. Jh. wurden die Gebäude wiederhergerichtet und später unter König Karl erneuert.

Auf Schloss Solitude kann man heutzutage auch heiraten – sowohl standesamtlich wie auch kirchlich. Und das passende Ambiente für einen Sektempfang findet man dort zweifellos auch. In den Nebengebäuden des Schlosses ist die Akademie Schloss Solitude untergebracht. Diese vom Land Baden-Württemberg finanzierte Akademie vergibt Stipendien an junge Künstler, die dann für sechs bis zwölf Monate in den Nebengebäuden des Schlosses wohnen und ihrer Kunst nachgehen können. Näheres findet sich unter www.akademie-solitude.de; das Museum Graevenitz bei Schloss Solitude ist übrigens nicht der Mätresse von Herzog Eberhard Ludwig, sondern dem Bildhauer Fritz von Graevenitz gewidmet.

... und in echt, zum Anprobieren und Anfassen.

Für Kinder

Schloss Solitude ist – obwohl die Rokokoanlage auf den ersten Blick wenig kindgerecht und keineswegs strapazierfähig wirkt – sehr gut auf Kinder eingerichtet. So lautet das Thema einer der Führungen »Im Dienste der Herzogin«. Herzogin Franziska von Württemberg sucht neue Kammerdiener und Zofen und erklärt den kleinen Besuchern, was die Aufgaben der Bediensteten waren. Franziska zeigt auch ihr Lieblingskleid und erklärt den Kindern, dass zu ihrer Zeit weder Frauen noch Männer Unterhosen trugen. Die wurden erst im Laufe des 19. Jh. üblich. Vorher trug man als Unterwäsche lediglich ein langes Hemd. Wurde jemand also »bis aufs Hemd ausgezogen«, so war man tatsächlich schon beim allerletzten Kleidungsstück angelangt.

In anderen Kinderführungen lernen Kinder, wie man auf einem Fest am Hofe tanzte. Bei der Führung »Maskerade« erfahren sie, wie man sich auf einem Maskenball im Schloss verhielt. Unter fachkundiger Anleitung eines Zeremonienmeisters und in Räumen mit edler Ausstattung werden so auch kleine Sandkastenrocker ihre eleganten Seiten entdecken. Auf Kindergeburtstage und auf Besuche von

Kindergärten oder Kindergruppen ist man auf Schloss Solitude ebenfalls gut eingestellt. Ein Programm für feste Gruppen ist die herzogliche Jagd. Dabei lernen die Kinder beispielsweise, Tiere nach ihrem Fell zu bestimmen. Verkleiden und Schminken stehen im Mittelpunkt eines anderen Programmes, in welchem es vorwiegend um höfische Feste geht. Im Schloss Solitude sind Nachbildungen historischer Kleider für Kinder ab acht Jahren vorhanden.

Die Schlossanlage ist frei zugänglich. Einen abgeschlossenen Schlosshof oder Derartiges gibt es freilich nicht, so dass ein Besuch ohne Führung praktisch nur ein Spaziergang entlang historischer Gebäude ist. Vom Parkplatz bis zum Schloss ist man wenige Meter zu Fuß unterwegs. Dieser Weg ist eben und genauso wie die nähere Umgebung des Schlosses bequem mit dem Kinderwagen befahrbar. Die Wiese beim Schloss ist ein beliebter Platz zum Drachen steigen lassen oder Picknicken.

Auch das gab's:
Die tugendsame Mätresse

Franziska von Hohenheim (1748 bis 1811) stand bei vielen frommen Menschen in Württemberg in hohen Ehren, obwohl sie ihre Beziehung zu Herzog Karl Eugen als seine Mätresse begonnen hatte. Ihr guter Einfluss auf ihn half vielen Landeskindern sehr. Franziska, ursprünglich Freiin von Bernerdin, war auf Gut Sindlingen bei Herrenberg aufgewachsen. 1782 wurde sie Eigentümerin dieses Anwesens. Ihren Besitz dort stellte sie später dem Pietisten und Theosophen Johann Michael Hahn zur Verfügung, weil ihr reichsunmittelbares Gut nicht der württembergischen Obrigkeit unterstand. Johann Michael Hahn und seine Anhänger konnten deshalb dort ungestört ihrer besonderen Frömmigkeit nachgehen.

Im Jahr 1765 hatte Franziska als Siebzehnjährige den Freiherrn Friedrich Wilhelm Leutrum von Ertingen geheiratet. 1772 wurde diese Ehe geschieden. Franziska war zu diesem Zeitpunkt bereits offizielle Mätresse des württembergischen Herzogs Karl Eugen. Es hat wohl mehrere »Interessentinnen« für diese Stellung gegeben. Herzog Karl Eugen hatte sich im Laufe seiner Regierungszeit vom absolutistischen Herrscher zum Tyrannen Württembergs entwickelt. Seine Leidenschaft für neue Schlösser und für die Jagd kosteten das Land ein Vermögen. Karl Eugen verschaffte sich u. a. dadurch Geld, dass er württembergische Soldaten an andere Herrscher »vermietete«. Dies ließ sich nur dadurch realisieren, dass junge Männer zwangsweise ins Heer »gepresst« wurden. Seine »tugendsame Mätresse« sei der Grund dafür gewesen, dass Karl Eugen sich wieder mehr als verantwortungsvoller Landesvater sah.

Quadratisch, praktisch und gut gibt's beispielsweise in Mannheim. Im Schloss Solitude bevorzugt man Kurven und Schnörkel aller Art.

Der Herzog schenkte Franziska ein Anwesen bei Hohenheim, das in der folgenden Zeit zum Schloss ausgebaut wurde. Damit verbunden war für sie der Titel »Reichsgräfin von Hohenheim«. In Birkach ließ er für Franziska eine protestantische Kirche bauen. Der katholische Herzog konnte sich aber nicht von seiner »Noch-Ehefrau« Elisabeth von Brandenburg-Bayreuth scheiden lassen. Auch nach deren Tod 1780 weigerte sich die katholische Kirche, der Eheschließung mit Franziska zuzustimmen, da sie einerseits protestantisch war und andererseits nach katholischem Kirchenrecht noch als verheiratet galt.

Der Herzog konnte sich jedoch gegen die katholische Kirche durchsetzen. 1783 heiratete er heimlich seine langjährige Geliebte. 1786 erhielt sie den Titel Herzogin, ihre zu erwartenden Kinder wurden aber von der Thronfolge ausgeschlossen. Erst 1791 wurde diese Ehe vom Papst anerkannt. Nach dem Tod des Herzogs 1793 musste Franziska Schloss Hohenheim verlassen. Sie lebte zuletzt im Schloss Kirchheim. Ihre großen Verdienste um das Land Württemberg wurden von vielen gewürdigt.

Öffnungszeiten: *April bis Oktober: Dienstag bis Samstag*

10–12 Uhr und 13.30–17 Uhr, an Sonn- und Feiertagen 10–17 Uhr. November bis März: Dienstag bis Samstag 13.30–16 Uhr, sonntags und feiertags 10–16 Uhr.

■ **Kontakt:** *Schloss Solitude, Solitude 1, 70197 Stuttgart, Telefon (07 11) 69 66 99, E-Mail: info@schloss-solitude.de, www.schloss-solitude.de*

■ **Eintrittspreise:** *Erwachsene € 3,50, ermäßigt € 1,80, Familien € 8,80.*

■ **Position:** *48°47´13´´N, 9°5´3´´E.*

■ **Lage:** *In »Außenlage« in einem großen Waldgebiet zwischen Botnang und Gerlingen.*

■ **Weitere Schlösser in der Umgebung:** *Eine Besichtigung des Schlosses Solitude lässt sich gut verbinden mit einem Ausflug zu den Bärenseen und zum Bärenschlössle. Das Bärenschlössle liegt 3 km vom Schloss Solitude entfernt – der Weg dorthin verläuft übrigens schnurgerade. Die Stauseekette Neuer See, Pfaffensee und Bärensee ist weitere 3 km lang. Die Uferwege sind auch bei Joggern sehr beliebt. Auf dem Bärensee sei auch schon eine venezianische Gondel verkehrt. Herzog Karl Eugen hatte von seinem Venedigaufenthalt 1767 kurzerhand eine Gondel samt zweier Gondolieri mitgebracht. Nach seinem Tod verfiel die Gondel jedoch, genauso wie das von ihm damals erbaute Jagdhaus. König Karl ließ später als Nachfolgebau einen Jagdpavillon errichten. Das heutige Bärenschlössle ist allerdings kein historisches Bauwerk. Nach Bombenschäden wurde das Gebäude nach dem Zweiten Weltkrieg neu errichtet. Nach einen Brand im Jahr 1994 wurde das Gebäude erneut zur Ruine und im Stil des von König Karl im Jahr 1817 fertig gestellten Jagdpavillons neu aufgebaut. Kunstschätze oder Ähnliches beherbergt das heutige Gebäude nicht. Im Erdgeschoss befindet sich ein Selbstbedienungsrestaurant. Die Bärenseen und das Bärenschlössle sind eines der beliebtesten Naherholungsgebiete im Großraum Stuttgart. Bei schönem Wetter sind dort mitunter eher zu viele Ausflügler anzutreffen. Baden kann man in den Seen allerdings nicht. Kinder werden sich sehr für den Rot- und Schwarzwildpark mit Rehen, Hirschen und Wildschweinen interessieren. Auch das Bärenschlössle wurde ursprünglich als »Stützpunkt« für die Jagdgesellschaften angelegt. Näheres gibt es unter www.baerenschloessle-stuttgart.de oder unter Telefon (07 11) 69 25 50.*

■ **Badeseen:** *Keine in direkter Umgebung. Weiter weg liegen der Kirchentellinsfurter Baggersee, 48°32´29´´N, 9°8´21´´E, und der Max-Eyth-See, 48°50´11´´N, 9°12´58´´E.*

Altes Schloss in Stuttgart

Lebendige Geschichte im »Jungen Schloss«

Im Alten Schloss in der Stadtmitte von Stuttgart steht für Kinder eine Museumsabteilung bereit, die auf eigentlich relativ wenig Fläche hervorragende Mitmachmöglichkeiten bietet. Durch die zentrale Lage in der Stadt lässt sich ein Besuch dieses Museums gut mit Einkäufen verbinden.

Wenn ein Bauwerk schon als »Altes Schloss« bezeichnet wird, dann klingt das eher verstaubt. Und wenn dann wie in Stuttgarts Stadtmitte daneben auch noch ein »Neues Schloss« steht, müsste vom Neueren eher etwas Kindgerechtes zu erwarten sein. Weit gefehlt: In einer Abteilung des Alten Schlosses geht es viel aktiver und vor allem viel jünger zu, als der Name vermuten lässt. Dieser Bereich des Alten Schlosses heißt zu Recht »Junges Schloss«. In einigen Räumen des altehrwürdigen Schlosses ist nämlich ein Kindermuseum untergebracht, das sich sehen lassen kann. Kinder können hier Geschichte »mit Herz, Kopf und Hand« erleben. Das Kindermuseum ist nicht sehr groß, hält aber, was es verspricht.

Mittelalter gleichberechtigt: Auch Prinzessinnen kämpfen tapfer auf ihrem Turnierpferd.

Von außen ist die kompakte Vierflügelanlage mit Innenhof im Renaissancestil nicht auf den ersten Blick als Schloss zu erkennen. Das Neue Schloss prägt das Stadtbild Stuttgarts viel stärker als das Alte Schloss. Für Kinder ist das Alte Schloss aber weit faszinierender als das benachbarte Neue Schloss.

Geschichte

Noch württembergischer als im Hof des Alten Schlosses in Stuttgart geht's kaum: Im Innenhof reitet Graf Eberhard im Bart, der erste Herzog Württembergs, mit gezogenem Schwert in der Hand auf seinem Schlachtross. Sein Nachfolger Herzog Christoph ließ die bisherige Burg an dieser Stelle zu einem Renaissance-Schloss ausbauen. Angefangen hatte alles mit einer Wasserburg, die zum Schutz des Gestütes Stutengarten aufgebaut wurde. Aus dem Namen »Stutengarten« wurde irgendwann Stuttgart und aus dem alten Wasserschloss die Residenz der Grafen und Herzöge von Württemberg. Die heutige Form des Schlosses stammt aus dem 16. Jh. Der Innenhof ist von den Arkadengängen geprägt, durch welche die dahinter liegenden Räume erreichbar sind. Heute ist in diesem Repräsentationsgebäude das Landesmuseum Württemberg untergebracht.

Sechs Jahrhunderte lang war Stuttgart die Residenz der Grafen,

Die hochwohlgeborenen Emanuelle I. und Kathinka I. von und zu Württemberg auf ihrem Thron im Alten Schloss.

Herzöge und Könige von Württemberg – abgesehen von kürzeren Eskapaden nach Ludwigsburg, um mit der Mätresse ungestört zu sein. Wo der letzte württembergische König ab 1918 nach seinem Weggang aus Stuttgart residierte, ist im Kapitel über Bebenhausen nachzulesen. In der in die Anlage integrierten Schlosskirche sind Königin Olga und König Karl – bekannt ist das Karl-Olga-Krankenhaus, siehe dazu das Kapitel über die württembergischen Könige als Namensgeber – bestattet.

Für Kinder

Das »Junge Schloss« macht Geschichte für Kinder sichtbar, spürbar und erlebbar. In den wenigen Räumen des »Jungen Schlosses« können Kinder malen, basteln, Nahrungsmittel abwiegen, ein Schloss aus Bauklötzen bauen, auf einem Turnierpferd kämpfen und auf dem Thron Platz nehmen. Selbst die Urzeit mit Mammuts in der Kälte kann hier erlebt werden. Gut durchdacht wie das gesamte »Junge Schloss« sind auch die vielfältigen Angebote für Kinder und Familien.

Regelmäßig finden Kinderführungen statt, ebenso Vorlesenachmittage und ein »Werkstattprogramm«. So können Kinder dabei u. a. ein Fernrohr bauen, Münzen prägen, filzen, Gipsabdrücke von Versteinerungen herstellen oder Tiere aus Ton formen. Einige dieser Kurse im

Im »Jungen Schloss« in Stuttgart geht es auch noch ein paar Jahrtausende älter.

»Jungen Schloss« werden von der Volkshochschule Stuttgart organisiert. Wer zu den »Schlossgespenstern« gehört, also dem Kinderclub des »Jungen Schlosses« beitritt, hat freien Eintritt ins Museum und kann noch an weiteren Führungen, Workshops und Mitmachaktionen teilnehmen, die speziell für die »Schlossgespenster« organisiert werden. Der Mitgliedsbeitrag für ein Jahr kostet 16 Euro, für Geschwisterkinder gibt es Ermäßigungen.

- **Öffnungszeiten:** *Dienstag bis Sonntag 10–17 Uhr.*

- **Kontakt:** *Junges Schloss, Schillerplatz 6, 70173 Stuttgart, Telefon (07 11) 89 53 51 11, E-Mail: schlossgespenster@landesmuseum-stuttgart.de, www.junges-schloss.de Landesmuseum, Telefon (07 11) 2 79-34 98, E-Mail: info@landesmuseum-stuttgart.de, www.landesmuseum-stuttgart.de*

- **Eintrittspreise:** *Erwachsene € 3,50, ermäßigt € 2,50, Kinder € 2,00, Familienkarte € 6,00 bzw. € 9,00.*

- **Position:** *48°46´38´´N, 9°10´´45´´E.*

- **Lage:** *Das Alte Schloss liegt im Stadtzentrum Stuttgarts nahe der Stiftskirche und dem Neuen Schloss.*

- **Badesee:** *Max-Eith-See, 48°50´11´´N, 9°12´58´´E.*

Schloss Waldenbuch

Großeltern ersetzen den Museumsführer

Von außen langweilig, von innen hochinteressant mit »ganz alltäglichen Dingen«: So präsentiert sich das Schloss in der Schokoladenstadt Waldenbuch.

Als historisches Gebäude im üblichen Sinn bietet das Schloss Waldenbuch nicht sehr viel. Das Schloss inmitten der Stadt wurde im Laufe der Jahrhunderte mehrmals nach wechselnden Vorstellungen umgebaut, was man dem Gebäude deutlich anmerkt. Heute präsentiert sich das Schloss als relativ schmucklose dreiflügelige Anlage. Dem Baukörper ist nicht auf den ersten Blick anzusehen, dass er aus der Renaissancezeit stammt. Sehr interessant hingegen ist die heutige Nutzung des Schlosses als »Museum der Alltagskultur«. Im Schloss Waldenbuch geht es nicht um das Leben der Herzöge oder Könige, sondern um das alltägliche Leben der »normalen« Leute in früherer Zeit. Für einen Besuch dort muss man auf jeden Fall die Großeltern mitnehmen!

Geschichte

Ursprünglich stand in Waldenbuch eine Burg, von der nicht mehr viel bekannt ist. Ab 1562 ließ Herzog Christoph die Burg zum Jagdschloss umbauen. Unter den späteren Herzögen folgten weitere Umbauten und Erweiterungen. Seit 1812 ist das Schloss vom württembergischen Herrscherhaus angeblich nicht mehr als Jagdschloss genutzt worden. Daraufhin folgte eine wechselhafte Geschichte, während der auch das Innere des Schlosses seinen bisherigen Charakter ver-

Kaum zu glauben: Früher konnte man auch ohne Playstation und Gameboy spielen.

lor. Es diente zeitweilig als Militärhospital, dann als Gefängnis und als Forstamt. Sogar Waldenbucher Schulklassen wurden zeitweilig in dieses Gebäude ausgelagert. Nach dem Zweiten Weltkrieg wohnten Flüchtlinge in den historischen Mauern.

Für Kinder

»Burgfeeling« entsteht im Schloss Waldenbuch nicht, und besondere Führungen für Kinder gibt es auch nicht. Aber: Das Museum in diesem Schloss ist für Kinder hochinteressant, wenn man die eigenen Großeltern als spontane Museumsführer engagiert. Dieses Schloss sagt nichts über frühere Herrscherhäuser aus, dafür aber sehr viel über das Haus der Großeltern und Urgroßeltern. Dieses Schloss besucht man nicht, um Kinder sich als Prinzessinnen und Prinzen fühlen zu lassen. Ins Museum der Alltagskultur geht man, um dem Nachwuchs zu zeigen, wie frühere Generationen lebten. Und die Großeltern werden ohne jede Vorbereitung sehr viel erklären können.

Die Kinder sehen hier, dass früher eine Hausfrau ohne alle elektrischen Küchengeräte arbeitete und sogar Wäsche ohne Waschmaschine wusch. Zu sehen sind auch einige der ersten Elektrogeräte, die das Arbeiten im Haus tatsächlich

Schloss Waldenbuch: Sehr mutig, der kleine Reiter, jedenfalls solange die große Schwester das Pferd beruhigt.

erleichterten. Kinder erfahren in Waldenbuch, wie ihre Gleichaltrigen im 19. und beginnenden 20. Jh. angezogen waren. »Etwa so sah dein Urgroßvater aus, als er in die Schule ging«, könnte man Kindern erklären, oder: »Solche Kleider trug deine Urgroßmutter, als sie 20 Jahre alt war.«

Mit Beginn der Industrialisierung und der damit verbundenen Massenproduktion mussten die fabrikmäßig hergestellten Waren auch »an den Mann« gebracht werden. Somit begann auch die Werbung, die im Museum der Alltagskultur ebenfalls zu sehen ist. Anstatt Fernsehwerbung – so weit war der Fortschritt erst in der zweiten Hälfte des 20. Jh. gelangt – waren Plakate und Emailschilder (einfach weil sie wetterfest waren und deshalb an der Fassade des Ladens oder der Werkstatt angebracht werden konnten) wichtig, um die Kunden anzulocken. Zu Großvaters Zeit gab es noch keine Leuchtreklame! Den Eltern wiederum werden die Lurchi-Figuren der Salamanderwerbung noch gut bekannt sein. Auch Elemente der volkstümlichen Frömmigkeit im protestantischen und katholischen Glauben mit Andachts- und Marienbildern sind in Waldenbuch zu sehen. Für Kinder werden auch das große Schaukelpferd und ein Karussell sehr interessant sein.

Andere Reittiere in Schloss Waldenbuch dürfen nur betrachtet und nicht selbst ausprobiert werden.

Öffnungszeiten: *Dienstag bis Samstag und Feiertag 10–17 Uhr, Sonntag 10–18 Uhr.*

Kontakt: *Museum der Alltagskultur, Schloss Waldenbuch, Kirchgasse 3, 71111 Waldenbuch, Telefon (0 71 57) 82 04, E-Mail: museum-der-alltagskultur @landesmuseum-stuttgart.de, www.museum-der-alltagskultur.de*

Eintrittspreise: *Erwachsene € 3,00, ermäßigt € 2,00, Familienkarte € 5,00, Kinder bis 12 Jahre frei.*

Position: *48°38´14´´N, 9°7´50´´E.*

Lage: *Inmitten der Stadt Waldenbuch.*

Noch ein Museum in Waldenbuch

Nach den alten Gegenständen im Museum der Alltagskultur gibt es in Waldenbuch noch ein sehr neuzeitliches Museum mit mehr als leckeren Ausstellungsstücken. Der Waldenbucher Schokoladenhersteller Ritter Sport hat neben seinem Betriebsgelände ein Schokola-

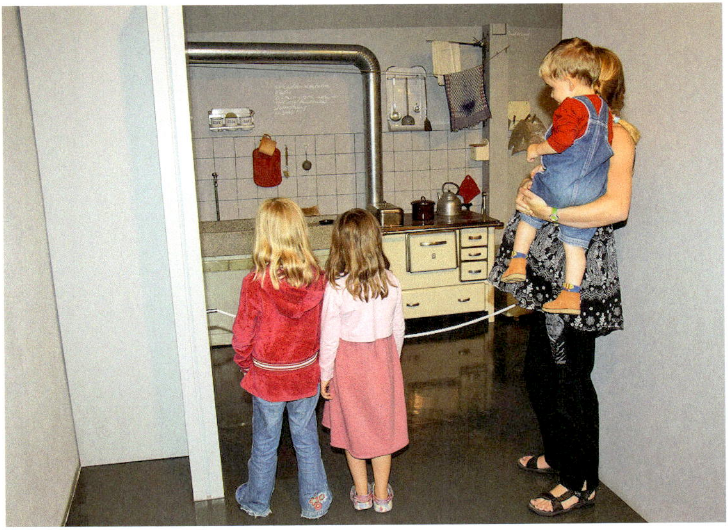

Mikrowelle und Ceranfeld? Gusseisen und Holzfeuer haben auch ihren Reiz!

denmuseum mit Besucherzentrum gebaut. Natürlich ist auch dieses Haus quadratisch, praktisch und gut. In einer Vitrine im Museum dreht eine spezielle Spielzeugeisenbahn ihre Runden. Der Zug kippt nämlich bei jeder Runde eine Mini-Schokoladentafel zu den Besuchern. Vor dieser Modelleisenbahn bildet sich allerdings regelmäßig eine Warteschlange. In der Schoko-Werkstatt können Kinder selbst Schokolade herstellen. Das Kunstmuseum Ritter hat das Ziel, Kindern und Erwachsenen zeitgenössische Kunst zu vermitteln.

■ **Öffnungszeiten:** *Dienstag bis Sonntag 11–18 Uhr. An Sonn- und Feiertagen gibt es um 15 Uhr eine kostenlose Führung.*

■ **Kontakt:** *Museum Ritter, Alfred-Ritter-Straße 27, 71111 Waldenbuch, Telefon (0 71 57) 5 35 11-0, E-Mail: besucherservice@museum-Ritter.de, www.museum-ritter.de*

■ **Eintrittspreise:** *Erwachsene € 5,00, ermäßigt € 4,00, Kinder und Jugendliche bis 18 Jahre sind frei.*

■ **Badeseen:** *Kirchentellinsfurter Baggersee, 48°32´29´´N, 9°8´21´´E. Hirschauer Baggersee, 48°29´49´´N, 9°0´17´´E.*

Schloss Weikersheim

Und im Herbst kommen die Geister

Das Schloss ist eindrucksvoll, das Kinderprogramm auch, so dass sich auch eine weite Fahrt in die eher strukturarme Region Hohenlohe rentiert. Vorab sollte man allerdings den Termin für eine »passende« Führung aussuchen.

Von der Region Hohenlohe heißt es, dass sich dort Fuchs und Hase gute Nacht sagen. Umso beeindruckender ist es, dass man in dieser gewiss nicht mondän geprägten Region auch ein Renaissanceschloss findet. Dazu gehört ein großer Garten im Stil des Barock, der von extravaganten Gestalten bewacht wird. Zahlreiche Gnomen und Zwerge sowie Sinnbilder der Elemente dieser Erde und Figuren anderer Art sind es, die diesen Garten prägen. An den Wänden des Rittersaals sind Jagdszenen und überlebensgroße Tiere abgebildet. Auch die Inneneinrichtung des Schlosses ist original erhalten.

Geschichte

Schloss Weikersheim in der heutigen Form entstand im 16. Jh. Vorher stand hier eine Wasserburg. Maßgeblich für den Bau des neuen Schlosses war Graf Wolfgang II. von Hohenlohe-Weikersheim. Offenbar hatten ihn die Schlösser, die er auf Reisen durch Frankreich, England und Österreich gesehen hatte, beeindruckt, so dass er auch im eigenen Territorium ein solch imposantes Bauwerk errichten lassen wollte. Der Zeit entsprechend ist sein Schloss von der Renaissance geprägt. Es enthält aber auch schon barocke Elemente. Grundriss des Schlosses ist ein Dreieck. Der Berg-

Feuerspucker, Geister und Märchenerzähler – in der »Mystischen Nacht« im Schloss Weikersheim trifft man auf mancherlei seltsame Gestalten.

fried des Vorgängerbaus wurde in die neue Anlage integriert.

Wolfgang II. beschäftigte sich auch mit Alchemie. Er führte Experimente durch, um Gold und Silber selbst herstellen zu können. Bedauerlicherweise war er damit nicht erfolgreich. Selbstgemachtes Gold hat er zwar nicht hinterlassen, dafür aber eine gute Dokumentation seiner Versuche. Es gibt sogar eigenhändige Aufschriebe des Grafen über seine Experimente, ebenso handschriftliche Bestellungen weiterer Chemikalien. Da über seine Versuche vieles bekannt ist, konnte man in der ehemaligen Schlossküche das Labor des Grafen Wolfgang II. rekonstruieren.

Vollendet wurde das Schloss im Jahre 1605. Im Dreißigjährigen Krieg (1618–1648) wurde das Schloss verwüstet und später wieder instand gesetzt. Im Jahr 1806 fiel das Schloss im Zuge der Mediatisierung an das neu gegründete Königreich Württemberg. Die Mediatisierung bewirkte für die weltlichen reichsunmittelbaren Territorien dasselbe wie die Säkularisierung für die geistlichen Territorien: Sie verloren ihre vormalige Eigenständigkeit, in der sie nur den Kaiser (bzw. den Papst) über sich hatten, und wurden in die jeweilige Territorialherrschaft integriert.

Die neuere Geschichte des Schlosses ist untrennbar mit Gottfried Constantin Prinz zu Hohenlohe-Langenburg, auch Konstantin Prinz zu Hohenlohe-Langenburg (1893–1973), verbunden. Der Prinz

Es gibt in dieser Nacht auch viele gute Geister, die den Kindern beim Basteln helfen.

hatte an der Akademie der bildenden Künste in Berlin und München studiert. Er war als Maler sehr erfolgreich. Lange Zeit lebte und malte er in Paris. Nach dem Zweiten Weltkrieg ließ er das vernachlässigte Schloss Weikersheim wieder instand setzen und richtete eine Malschule darin ein. Ebenso engagierte er sich für angehende Musiker. Junge Künstler fanden im Schloss Weikersheim eine Bühne für ihr Können. Im Schlosshof wurden auch Opern aufgeführt. Nachdem Schloss Langenburg im Jahr 1963 bei einem Brand schwer beschädigt wurde, verkaufte Prinz Gottfried Constantin Schloss Weikersheim an das Land Baden-Württemberg.

Für Kinder

Ein jährliches Event im Schloss Weikersheim zieht jeweils hunderte von Familien an: Anfang November wird's im Schloss und im Schlosshof mysteriös. Geister bewohnen das Schloss. Manche davon sind schaurig. Viele gute Geister aber laden Kinder ein zum Basteln, Schminken oder einfach zum Geschichten hören. Im Schloss werden spannende Nachtführungen angeboten, und im Schlosshof treiben Gaukler und Feuerspucker ihr durchaus sehenswertes Unwesen. Wächter mit Hellebarden sorgen jedoch für die Sicherheit der Besucher.

Übers Jahr verteilt bietet Schloss Weikersheim noch viel mehr für Kinder. Beim Märchenfest sind tapfere Heldinnen und Helden gefragt, bei einer Drachenjagd mitzumachen. Für Kinder ab acht Jahren gibt es die Führung »Alles Kräuter oder was?«. Kreativ werden können Kinder beim Bemalen von Glastellern oder bei der Herstellung von Kürbissen aus

Merinowolle. In der Tradition des Alchemisten Graf Wolfgang sind Kinder mehrmals im Jahr zum Goldsuchen eingeladen. Dabei finden die Kinder tatsächlich Gold, auch wenn es nicht so ganz das echte Edelmetall ist – schließlich ist das Graf Wolfgang damals auch nicht gelungen. Jugendliche ab 13 Jahren können im Spiegelkabinett der Fürstin Elisabeth Friederike Sophie Weihnachtskarten und Geschenkpapiere herstellen.

Auch können sich Kinder über Muster auf Tapeten und Stoffen informieren lassen. Bei einer anderen Kinderführung versuchen sich junge Künstler als Steinmetze. Die ständische Gesellschaft der Barockzeit können Kinder in einer Führung am eigenen Leib erleben – per Los wird entschieden, wer Graf oder Gräfin oder aber Schlosswächter oder Kammerzofe wird. Märchenerzähler und -erzählerinnen ziehen mehrmals im Jahr Familien in ihren Bann. Ebenso können Kinder und ihre Eltern bei der Führung »Eine Audienz beim Grafen« vieles aus vergangener Zeit erfahren. Im Workshop »Pinsel, Glas und Fantasie« gestalten Kinder ein Windlicht aus Glas.

■ **Öffnungszeiten:** *Das Schloss und der Schlossgarten sind von April bis Oktober täglich 9–18 Uhr geöffnet. Führungen immer zur vollen Stunde, letzte Führung ab 16 Uhr. Von November bis März sind das Schloss und der Schlossgarten täglich 10–12 Uhr sowie 13–17 Uhr geöffnet. Die Ausstellung »Alchemie in Weikersheim« ist allerdings nur von April bis Oktober geöffnet.*

■ **Kontakt:** *Schloss Weikersheim, Marktplatz 11, 97990 Weikersheim, Telefon (0 79 34) 9 92 95-0, E-Mail: info@schloss-weikersheim.de, www.schloss-weikersheim.de*

■ **Eintrittspreise:** *Schloss und Schlossgarten mit den Dauerausstellungen »Wasserkunst und Götterreigen«, »Alchemie in Weikersheim« und »Allerhand Zierrathen – Barocke Kostbarkeiten in Schloss Weikersheim«: Erwachsene € 5,50, ermäßigt € 2,80, Familien € 13,80.*
Schlossgarten von April bis Oktober mit den Dauerausstellungen »Wasserkunst und Götterreigen« und »Alchemie in Weikersheim«: Erwachsene € 2,50, ermäßigt € 1,30. Schlossgarten von November bis März: Erwachsene € 1,50, ermäßigt € 0,80.
Die Dauerausstellungen »Wasserkunst und Götterreigen« und »Alchemie in Weikersheim« sind von November bis März geschlossen.

■ **Position:** *49°28´50´´N, 9°53´45´´E.*

■ **Lage:** *Am Rande der Stadt Weikersheim.*

■ **Badesee:** *Stausee Mulfingen, 49°20´29´´N, 9°48´55´´E.*

Grabkapelle auf dem Württemberg

Mit Maus Amalie im Mausoleum

Als standesgemäße Grablege wurde die Grabkapelle auf dem Württemberg konzipiert. Die Maus Amalie sorgt dafür, dass auch Kinder die Bedeutung dieses Bauwerkes verstehen können. Im Wald »hinter« der Grabkapelle – nach einem längeren Fußmarsch – befindet sich mit dem Kernenturm ein weiteres kindgerechtes Ausflugsziel.

Wer auf der B 14 von Stuttgart aus in Richtung des Kappelbergtunnels fährt, sieht die Grabkapelle auf dem Württemberg thronen. Linker Hand zieht dann das neuzeitliche Mercedes-Benz-Museum vorbei, rechter Hand oben auf dem Berg die historische Grablege der Württemberger. Von dort oben aus ist der Blick hinab ins Tal noch interessanter. Man sieht auf weite Teile des Mittleren Neckarraumes, auf die Mercedes-Benz-Arena und das Festgelände des Cannstatter Wasens hinunter.

Die Grabkapelle ist das kleinste aller in diesem Buch beschriebenen Baudenkmäler. Bezüglich seiner Bedeutung für Württemberg liegt der unscheinbare Berg aber ganz weit vorne. Immerhin stand hier die Stammburg des württembergischen Königshauses. Seit dem 11. Jh. thronte hier auf dem Rotenberg, wie der Berg auch heißt, die Stammburg des späteren württembergischen Königshauses. Anfang

Rom oder Athen? Nein, die Grabkapelle bei Stuttgart-Rotenberg, nach »ächt antikem Geschmack« erbaut.

des 14. Jh. verlegten die Grafen von Württemberg ihren Sitz in die dem Württemberg gegenüberliegende Stadt Stuttgart.

Geschichte

»Die Liebe hört nimmer auf«, steht über dem Portal zur Grabkapelle auf dem Württemberg. Das gesamte Bauwerk ist laut den Inschriften ein steingewordener Liebesbeweis des württembergischen Königs Wilhelm I. an seine erste Frau Katharina. Auf der dem Haupteingang gegenüberliegenden Ostseite ist die Inschrift angebracht: »Seiner Vollendeten Ewig Geliebten Gemahlin Catharina Paulowna Grosfürstin von Russland hat Diese Ruhestätte Erbaut Wilhelm König von Württemberg im Jahr 1824«. An der Grabkapelle, die Wilhelm I. für sie bauen ließ, steht jedoch nicht, dass er auch während seiner Ehe an der Beziehung zu seiner italienischen Geliebten Blanche de la Flèche festhielt. Nachdem seine Frau Katharina dies erfahren hatte, ist sie der Legende nach im Winter nur in einem dünnen Kleid in den Park des Neuen Schlosses in Stuttgart gelaufen. An den Folgen der Erkältung, die sie sich dabei zuzog, sei sie gestorben.

Die Eheschließung des damaligen württembergischen Kronprinzen Wilhelm mit seiner Cousine, der russischen Zarentochter, war wie so häufig eine politisch motivierte Hochzeit, um nach der napoleonischen Ära die Annäherung Württembergs als ehemaligem Verbündeten Frankreichs an Russland zu demonstrieren. In der als Grablege für Königin Katharina nach »ächt antikem Geschmack« erbauten Grabkapelle wurden später auch ihr Mann Wilhelm I. sowie die gemeinsame Tochter Maria Friederike Charlotte von Württemberg bestattet.

Für den Bau der Grabkapelle ließ der König die Reste der Ruine abtragen. Im Jahr 1820 wurde der Grundstein für das Bauwerk im Stil des Klassizismus gelegt. Unschwer ist zu erkennen, dass Hofbaumeister Giovanni Salucci antike Bauten seiner Heimat wie das Pantheon in Rom und die Villa Rotonda bei Vicenza als Vorbild dienten. Vier Portiken, also von Säulen getragene Vorhallen, erweitern den Zentralbau. Diese Bauteile blicken quasi in die Ferne ins Land Württemberg. Allein schon ihre exponierte Lage oberhalb Stuttgarts macht die Grabkapelle zu einem lohnenden Ausflugsziel. Zudem gibt es kaum ein anderes Bauwerk in Württemberg, das so sehr den schwäbischen Klassizismus verkörpert.

1820 war der Neckarraum zweifellos noch landwirtschaftlich geprägt. 80 Jahre später änderte sich das gewaltig: Da kaufte nämlich Gottlieb Daimler unten im Tal ein paar Grundstücke. Ob er sich damals vorstellen konnte, was dies langfristig gesehen für diese Region bedeutete? Seitdem werden dort unten Autos gebaut, und ihre Motoren trieben noch viel mehr an. Der Autobau wurde zum Motor des wirtschaftlichen Aufschwungs im mittleren Neckarraum.

Für Kinder

Amalie heißt die Maus, die Kinder durch die Grabkapelle führt. Ob eine Maus die Hauptrolle spielt, weil man ein solches Gebäude auch als Mausoleum bezeichnet? Es gibt sogar ein eigenes Heft für Kinderführungen – natürlich mit Amalie. Amalie ist keine gewöhnliche Maus. Deshalb wohnt sie auch keineswegs in einem gewöhnlichen Mauseloch, sondern oben unter der Kuppel der Grabkapelle. Bei einer Kinderführung dürfen die Kinder dort hinauf – wo man als Erwachsener bei einer normalen Führung nicht hin darf. Einen Hofknicks lernen die Kinder dann auch, schließlich ist die Grabkapelle ein königlicher Ort. Und ein bisschen gebastelt wird am Ende der Führung auch noch.

Herzöge und Könige als Namensgeber

Das ehemalige Königshaus Württemberg ist in vielen Gemeinden Baden-Württembergs allgegenwärtig – und keiner merkt's. Wilhelmstraße, Karlstraße, Charlottenplatz, Paulinenstraße – alle diese Straßennamen erinnern an Könige und Königinnen Württembergs. Gleiches gilt für einige Krankenhäuser in Stuttgart. Der Name des Katharinenhospitals erinnert an Königin

Katharina von Württemberg. 1816 heiratete sie Kronprinz Wilhelm, den späteren König von Württemberg. Obwohl sie wegen ihres frühen Todes nur für kurze Zeit Königin war, sind ihre karitativen Leistungen aller Ehren wert. Sie gründete den »Zentralen Wohltätigkeitsverein« und rief auch das Katharinenhospital ins Leben. Dieses Krankenhaus wurde im Januar 1828, an ihrem neunten Todestag, von König Wilhelm I. eröffnet.

Pauline, als zweite Frau von König Wilhelm die »Nachfolgerin« von Katharina, war von 1820 bis 1864 Königin. Ebenso wie dessen erste Frau Katharina war Pauline auf sozialem Gebiet tätig. Die Paulinenpflege Stuttgart – eine Einrichtung der Jugendhilfe – sowie die Paulinenpflege Winnenden e. V. gehen auf sie zurück. Die Paulinenpflege Winnenden fördert gehörlose und sprachbehinderte Menschen und bietet für sie Schulen und Ausbildungsgänge an.

Das Olga-Krankenhaus heißt offiziell Karl-Olga-Krankenhaus. Dieser Name sollte die Erinnerung an das Königspaar Karl I. (Regierungszeit 1864–1891, Nachfolger von Wilhelm I.), und Olga als tatkräftige Förderer auf sozialem und karitativem Gebiet wach halten. Auf sie geht auch das Olga-Hospital zurück. Dieses Kinderkrankenhaus in Stuttgart wird im Volksmund meist »Olgäle« genannt. Die Eberhard-Karls-Universität in Tübingen trägt den Namen des Grafen und späteren Herzogs von Württemberg Eberhard im Bart.

Vermutlich diente das Pantheon in Rom als Vorbild für die Grabkapelle der Württemberger.

Eine Charlottenstraße, die es in vielen Orten Württembergs gibt, erinnert an die letzte württembergische Königin. Beispielhaft sei der Ort Ilsfeld im Landkreis Heilbronn genannt. Ilsfeld wurde durch den großen Brand vom 4. August 1904 zu zwei Dritteln zerstört. Bereits zwei Tage nach dem Brand besuchten König Wilhelm und Königin Charlotte das Dorf und versprachen Hilfe. Schon am 8. August wurde eine Ministerialabteilung für den Wieder-

Rund um die Grabkapelle erstreckt sich ideales Terrain für Spaziergänger.

aufbau des Ortes gegründet. Der Wiederaufbau des gesamten Dorfes war keine zwei Jahre später abgeschlossen. Die Ilsfelder drückten ihren Dank u. a. dadurch aus, dass die neue Ortsdurchgangsstraße König-Wilhelm-Straße genannt wurde. Die etwas nördlich von dieser liegende Straße bekam den Namen Charlottenstraße.

Praktische Infos

Die Grabkapelle allein ist wegen ihrer – im Vergleich zu den Burgen und Schlössern – bescheidenen Größe kein »sonntagsfüllendes« Ausflugsziel. Ein Ausflug mit Kindern dorthin lässt sich aber gut verbinden mit einem Besuch des großen Spielplatzes mit Grillstelle auf dem Kappelberg (48°47´07´´N, 9°17´10´´E) oder beim Kernenturm. Der Kernenturm (48°46´57´´N, 9°18´27´´E) ist ein Aussichtsturm im Wald, der nur zu Fuß zu erreichen ist. Mit Kinderwagen ist das letzte steil bergauf gehende Stück des Weges dorthin beschwerlich, aber möglich.

Der 27 m hohe Aussichtsturm wurde 1896 von der Ortsgruppe des Schwäbischen Albvereins auf dem 513 m hohen Berg Kernen gebaut. Der Name kommt nicht von der 1929 neu entwickelten Rebsorte »Kerner«, die nach dem Dichter und Arzt Justinus Kerner benannt wurde, sondern der Berg trug schon vorher den Namen »Kernen«. 1975 wurden die benachbarten Gemeinden Rommelshausen und Stetten zusammengeschlossen. Seitdem trägt diese Doppelgemeinde den Namen »Kernen« – obwohl der Berg Kernen eigentlich auf Fellbacher Gebiet liegt.

Vom Parkplatz am Spielplatz (oberhalb von Rotenberg gelegen) geht man in etwa 45 Minuten zum Kernenturm. Am Kernenturm gibt es ein paar Spielgeräte, eine Grillstelle und einen netten Kiosk. Dort werden auch gegrillte Würste und Getränke serviert. Unter www.kernenturm.de gibt es weitere Infos. Die Beschilderung im Wald auf dem Weg zum Kernenturm ist dürftig.

■ **Öffnungszeiten:** *Von 1. März bis 1. November Dienstag bis Samstag 10–12 Uhr und 13–17 Uhr, Sonntag und Feiertage 10–12 Uhr und 13–18 Uhr. Von 1825 bis 1899 diente die Grabkapelle als reguläre russisch-orthodoxe Kirche, da Königin Katharina zur orthodoxen Kirche gehörte. Alljährlich wird an Pfingsten deshalb in der Grabkapelle ein orthodoxer Gottesdienst gefeiert. Näheres dazu siehe www.rok-stuttgart.de*

■ **Kontakt:** *Grabkapelle, Württembergstraße 340, 70327 Stuttgart-Rotenberg, Telefon (07 11) 33 71 49, E-Mail: info@grabkapelle-rotenberg.de, www.grabkapelle-rotenberg.de*

■ **Eintrittspreise:** *Erwachsene € 2,20, ermäßigt € 1,10, Familien € 5,50. Sonderführungen: Erwachsene € 9,00, ermäßigt € 4,50.*

■ **Position:** *48°46´55´´N, 9°16´8´´E.*

■ **Lage:** *Nahe des kleinen Ortes Rotenberg, herrlich inmitten von Weinbergen gelegen.*

■ **Badesee:** *Keiner in der Umgebung.*